भीष्म पितामह

भीष्म पितामह

सूर्यकान्त त्रिपाठी 'निराला'

राजकमल प्रकाशन

ISBN : 978-81-267-0589-4

मूल्य : 495

पहला संस्करण : 1988
तीसरा संस्करण : 2024

प्रकाशक : राजकमल प्रकाशन प्रा.लि.
1-बी, नेताजी सुभाष मार्ग, दरियागंज
नई दिल्ली-110 002
शाखाएँ : अशोक राजपथ, साइंस कॉलेज के सामने, पटना-800 006
पहली मंजिल, दरबारी बिल्डिंग, महात्मा गांधी मार्ग, प्रयागराज-211 001
1, अनमोल सोराबजी संतुक लेन, धोबी तलाव, मरीन लाइंस, मुम्बई-400 002
वेबसाइट : www.rajkamalprakashan.com
ई-मेल : info@rajkamalprakashan.com

मुद्रक : बी.के. ऑफसेट
नवीन शाहदरा दिल्ली-110 032

BHISHMA PITAMAH
Mythological Novels by Suryakant Tripathi 'Nirala'

भूमिका

पितामह भीष्म की तरह का वीर, संसार के सम्पूर्ण इतिहास के पन्ने उलट जाइए, पर न मिलेगा। इतना बड़ा आदर्श भारत में दूसरा न हुआ। इनके बालकाल से ही इनकी सर्वतोमुखी प्रतिभा का परिचय मिलता है। ये वीर ही न थे, इनमें और भी अनेक गुण थे जो बड़े-से-बड़े प्रतिभाशाली पुरुष में नहीं पाये जाते। महाभारत में हजारों चरित्र आये हैं, परन्तु भीष्म के मुकाबिले में वे सूर्य के सामने दीपक की तरह हैं। जन्म से लेकर मृत्यु तक इस महावीर के जीवन-प्रवाह को देखते जाइए, कभी संसार की किसी शक्ति से, उसका प्रवाह नहीं रुका,—उसकी इच्छा की प्रतिकूलता करके उसके गुरु महावीर परशुराम को भी परास्त होना पड़ा—भगवान श्रीकृष्णचन्द्र को भी युद्ध-स्थल में अस्त्र-धारण करना पड़ा। महावीर भीष्म के चरित्र से सब प्रकार की शिक्षाएँ एक साथ मिल जाती हैं। पिता के प्रति पुत्र की कैसी भक्ति होनी चाहिए, माता और विमाता के प्रति उसके क्या कर्त्तव्य हैं, मनुष्यता का आदर्श क्या हो, शास्त्र-अध्ययन, ब्रह्मचर्य और सरल भाव से जीवन के निर्वाह का फल क्या है, समर क्षेत्र में क्षत्रिय का क्या आदर्श है, यथार्थ वीरता किसे कहते हैं, इस तरह से मनुष्यों के मस्तिष्क में मनुष्यता से सम्बन्ध रखनेवाले जितने प्रश्न आ सकते हैं, उन सबका उत्तर भीष्म के जीवन से मिल जाता है। ऐसे महापुरुष को आदर्श रूप से देश के सामने लाना उसके लिए बड़ा कल्याणकर है। बालकों के लिए इस महापुरुष के चरित्र पर लिखी गयी अंग्रेजी, बंगला पुस्तकों के आधार पर यथासाध्य हमने भीष्म के चरित्र-चित्रण की चेष्टा की है, आशा है, पाठक-पाठिकाएँ इससे यथेष्ट लाभ उठायेंगे।

निवेदक—

सूर्यकान्त त्रिपाठी

कलकत्ता

15वीं अगस्त सन् 1926

क्रम

प्रस्तावना

भारतवर्ष सभ्यता के प्रथम विकास से महाभारत के अन्तिम समय तक अपने गौरव पद पर प्रतिष्ठित रहा है। वीरता और सभ्यता के पर्यायवाची शब्द प्रायः सब देशों में मिलते हैं। संसार में आज भी पृथ्वी वीरों से रहित नहीं है। वीर भी हैं और सभ्यता भी है। सबकुछ है, परन्तु वह आदर्श अब नहीं रहा। जिस तरह के महापुरुष की जीवन-घटनाओं पर यह पुस्तिका लिखी जा रही है, उस तरह का महावीर, उस तरह का सत्यवादी और पूर्ण ब्रह्मचारी अब तो क्या, पहले भारतवर्ष में भी दो-एक ही हुए हैं। महावीर भीष्म पितामह के चरण-रज के स्पर्श से भारतभूमि चिरकाल के लिए पवित्र है, हिन्दू जाति अनादि काल तक के लिए अमर है। इस तरह का चरित्र, इस तरह का त्याग, इस तरह की पितृ-भक्ति, इस तरह का ब्रह्मचर्य, ऐसी सहिष्णुता, इतना प्रबल पराक्रम; साथ ही ऐसा गम्भीर ज्ञान, आप संसार का इतिहास देख डालिए, कहीं नहीं मिलेगा। आज तक की मनुष्यों की सृष्टि में महावीर भीष्म, चमत्कार के तौर पर—मनुष्य सृष्टि की सर्वांगीण उन्नति के पूर्ण विकास-से होंगे। निस्सन्देह भीष्म की तुलना नहीं हो सकेगी।

महाभारत के समय का अभी तक पूरा पता नहीं लगा है। अनुमानतः पाँच हजार वर्ष कहा जा सकता है। हिन्दुओं के युग-प्रवर्तन की दृष्टि से वह द्वापर का अन्त समय था। इस समय कौरवों और पाण्डवों में आपस की लड़ाई लगातार अठारह दिनों तक हुई थी, जिसमें दोनों पक्ष की अठारह अक्षौहिणी सेना जलकर राख हो गयी, भारत के बच्चे-बच्चे को याद है।

क्षत्रियों की विजय वैजयन्ती इस लड़ाई में एक बार जो गिरी, फिर नहीं उठ सकी। उठने पर भी उसकी शान फिर नहीं रह गयी। महाभारत में चिरकाल के लिए क्षत्रिय शक्ति के पतन का एक जबर्दस्त कारण था। उस समय देश के नेता साक्षात भगवान् वासुदेव थे। भगवान् वासुदेव जैसे देश और जाति के हितैषी, जिन्होंने स्वयं कितने ही दुष्टों का वध किया,— कंस को विध्वंस कर दिया, कभी देश का अकल्याण नहीं कर सकते थे। उन्होंने जो कुछ किया था, उसे देश का कल्याण समझकर ही किया था। दोष जनता का है और अवश्यम्भावी पतन के परिणाम का। न जनता उनके आदर्श के अनुसार चली, न उसका पतन रुका। जाति में जिन दुर्गुणों की उत्पत्ति होने पर वह नाश की तरफ मुड़ती है, महाभारत काल में जाति के भीतर उसके रक्षक क्षत्रियों में वे दुर्गुंण समा चुके थे। क्षत्रियों में शूरता और वीरता की जगह द्वेष फूट-कलह-हिंसा-संकीर्णता-दुराचार, असंयम, विलासिता-मिथ्या-भिमान आदि दुर्गुणों ने ले ली थी। क्षत्रिय जाति को भगवान् वासुदेव इस रोग से मुक्त करना चाहते थे। इसका उपाय उन्होंने यह सोचा था कि इन आसुरी प्रवृत्तिवाले क्षत्रियों का नाश और धर्मराज्य की स्थापना होने पर निश्चय ही भारत की नाड़ियों से दूषित रक्त का प्रवाह बहुत दिनों के लिए रुक जायगा। इसीलिए, कंस, शिशुपाल, जरासन्ध और दुर्योधन आदि का नाश हुआ। धर्मराज्य की स्थापना भी हुई। महाराज युधिष्ठिर, भीमार्जुन आदि पाण्डवों में क्षत्रियोचित भाव विद्यमान थे। वे वीर थे, धीर थे, प्रजा-वत्सल थे, प्रजा के सुख के लिए अपने सर्वस्व तक का त्याग कर सकते थे। इसीलिए वासुदेव को हम उनके पक्ष में रहकर उनकी सहायता करते हुए देखते हैं। इस धर्मराज्य की स्थापना में दुर्योधन की बाधा विशेष उल्लेख योग्य न होती, न उसका नाश ही होता, अगर वह पाण्डवों का हक न दबा बैठता। भीष्म ने मृत्यु के समय तक दुर्योधन को समझाया था। युद्ध के परि-णाम का दृश्य उन्होंने मानस-नेत्रों से प्रत्यक्ष कर लिया था। उन्हें अभिप्सत न था कि कौरवों की चिरकाल से संचित की हुई महान् शक्ति एक ज़रा से बन्धुविरोध के कारण सर्वथा नष्ट हो जाय। शक्ति कभी आत्म-हनन के लिए नहीं हुआ करती, यह तो एक साधारण मनुष्य भी समझता है। शक्ति का इस तरह दुरुपयोग होने पर भीष्म को महान् दुःख हुआ, वे अन्त तक

इसके लिए शोक करते रहे। भगवान् वासुदेव भी, दुर्योधन के न मानने पर, युद्ध के सिवा और कोई उपाय न निकाल सके। उपाय और था भी नहीं। लड़ाई हुई। दुष्ट मारे गये। जो कुछ शक्ति बच रही, उससे भारत बलवान न हो सका। चिराग चिरकाल के लिए गुल हो गया।

अगर यह लड़ाई न होती और दुष्ट प्रकृतिवाले वे कुल मनुष्य बचे रहते, तो भी भारत कल्याण-मार्ग पर न रह सकता। महाभारत के बाद भारत की जो दीनदशा हो गयी थी, उनके रहने पर भारत की यह दीनता कदाचित् और बढ़ जाती। कारण लड़ाई और वैमनस्य जिस प्रकृति की बुनियाद से उठता है, वह प्रकृति तब भी मौजूद रहती। तब भी वे आपस में लड़ते-भिड़ते और एक-दूसरे के खून के प्यासे बने रहते। इससे न देश का कल्याण होता, न जाति का। दीर्घकाल तक के लिए यह आग भारत की छाती पर सुलगती रहती। इस विचार से, महाभारत- समर बहुत अंशों में भारत के लिए कल्याणकारी ही हुआ। पाण्डवों की सात अक्षौहिणी और कौरवों की ग्यारह अक्षौहिणी सेना पर जब हम विचार करते हैं, तब भी हमें मालूम हो जाता है, कि धार्मिक क्षत्रियों के नाम पर कलंक लगानेवाले द्वेषी-दुष्टों की ही संख्या अधिक थी। इसलिए, ग्यारह के विनाश के लिए सात का बलिदान न्यायानुसार ठीक ही हुआ है। बाकी मनुष्यों के दिन सुखमय ही हो जाते हैं। देश में दीर्घकाल के लिए शान्ति का साम्राज्य रहता है। इस दृष्टि से भी कृष्ण का युद्ध की शिक्षा देना ठीक ही हुआ।

चाहे जिस केन्द्र से विचार किया जाय, भगवान् श्रीकृष्ण की नीतिज्ञता में कहीं फर्क नहीं जान पड़ता। फर्क सिर्फ समय में था। सत्य, त्रेता और द्वापर के अन्त तक भारत का समय सक्रिय था, उसके बाद से जीवों की निद्रित अवस्था की तरह, भारत के लिए भी समष्टिगत निद्रित अवस्था की आवश्यकता थी, यह प्राकृतिक नियम है। जिस किसी के अस्तित्व का परिचय हमें मिलता है, हम उसकी सक्रिय और निष्क्रिय दोनों अवस्थाएँ प्रत्यक्ष करते हैं। भारत का निष्क्रिय काल, तन्द्रा और सुप्ति का समय आ रहा था। महाभारत के समय से इसका आरम्भ भी हो चुका था, वह होकर रहा। नीति से, महापुरुषों से, वीरों के बलिदान से वह रुक नहीं सका। वह आया। महाभारत का परिणाम स्त्रियों के लिए बड़ा भयानक हो गया। करोड़ों की

तादाद में असूर्यम्पश्या कुल-बालाएँ अकालहत-कलियों की तरह वैधव्य की ज्वाला से झुलसने लगीं। उनके आर्तनाद से भारत का आकाश विदीर्ण होने लगा। इस लड़ाई ने क्षत्रियवीर्य के नाश के साथ स्त्रियों के लिए भी बड़ा भयानक परिणाम लाकर खड़ा कर दिया। अर्जुन ने भगवान् कृष्ण से स्त्रियों के परिणाम पर जो कुछ कहा था, अन्त में वही होकर रहा। पतन को रोकने के लिए जो एक उपाय निकाला गया, उसी के अन्दर से पतनरूपी राक्षस सहस्र-स्कन्ध होकर निकला। रक्त दूषित हो चला, वर्णसंकरों की संख्या-बढ़ने लगी, व्यभिचार और अत्याचार का ताण्डवनृत्य आरम्भ हो गया। अवश्य यह घोर पाप महाभारत के बहुत काल बाद से हुआ, परन्तु इसका जन्म महाभारत के समर से ही हुआ था। देश में राजशक्ति का अभाव हो जाने पर अत्याचारों को जोर पकड़ने का मौका मिला। वे बढ़े और कलि-काल की जयजयकार होने लगी।

महाभारत को जिस हद तक हम पतन का इतिहास कह सकते हैं, उसी हद तक हम उसे आदर्श भी मानते हैं। हमारे सामने आज हमारी जाति, धर्म और समाज के अन्दर जितने दुर्गुण आ गये हैं, इनके निराकरण की औषधि भी हमें महाभारत से मिलती है। जब हम अपने पतन पर विचार करते हैं, तब हमारे पतन के कारण भी साथ ही हमारी दृष्टि के सामने आ जाते हैं। उन कारणों का दूरीकरण ही जाति, समाज और धर्म के पतन के गढ़े से निकालना है। जिस महाभारत में हमारे पतन का चित्र खिंचा हुआ है, उसी में हमारे उत्थान का नक्शा भी मौजूद है। उत्थान के आदर्श भीष्म पितामह हैं। यदि उनके चरित्र का आदर्श हम अपने और अपनी सन्तानों के सामने रखें, यदि उसी तरह हम अपने पिता और माता की सेवा कर्यें, यदि उसी आदमी को अपना ध्येय समझकर हम ब्रह्मचर्य की साधना के लिए तत्पर हों, यदि उन्हीं की तरह हम बड़े-बड़े लाभों का त्याग कर सकें, यदि वैसा ही हमारे अन्दर निष्काम कुटुम्ब-प्रेम पैदा हो, यदि वैसी ही शूरता की हम साधना करें, यदि शास्त्रों आदि पर हम वैसी ही निष्ठा रखते हुए उसका अध्ययन करें, यदि वैसे ही धैर्य की प्राप्ति के लिए हम सहनशील होना सीखें, तो इसमें सन्देह नहीं कि हमारी रगों से दूषित रक्त का प्रवाह दूर हो जाय, जड़त्व की ओर ले चलनेवाली वर्तमान शिक्षा का विकार नष्ट हो जाय,

चालबाजी, धूर्तता और कपट-नीतिज्ञता के सहारे देश का महोपकार करनेवाले पाखण्डी नेताओं के इन्द्रजाल से मुक्ति मिले। हम अपने को समझें, देश के विराट चेतन स्वरूप को समझें और देश के नाम से जड़ मिट्टी और कंकड़ पत्थर को समेटने की मूर्खता से छुटकारा हो।

प्रथम परिच्छेद

भीष्म का बाल्यकाल

महाराज महाभिष बड़े प्रतापी राजा थे। अपने वंश-मर्यादा की इन्होंने खूब रक्षा की थी। ये इक्ष्वाकुवंशी थे। सत्यवादिता के लिए उन्हें भी बहुत बड़ी प्रसिद्धि मिल चुकी थी। अपने राज्यकाल में उन्होंने सहस्र अश्वमेध यज्ञ किये और पूरे एक सौ राजसूय। यज्ञ भाग खाते-खाते अन्त में देवताओं ने इन पर प्रसन्न होकर कहा, "वर-प्रार्थना करो।" महाराज महाभिष ने स्वर्ग में स्थान-प्राप्ति की अभिलाषा सूचित की। ऐसा ही हुआ, देवताओं ने सहर्ष उन्हें अपने साथ स्वर्ग में रहने की जगह दी। ये आनन्दपूर्वक उनके साथ आमोद-प्रमोद में समय पार करने लगे।

इसी समय, एक दिन ऐसा हुआ कि ब्रह्मा के दरबार में अधिकांश देवता ब्रह्मा को प्रसन्न करने के लिए उनकी पूजादि और स्तुति पाठ कर रहे थे। एक ओर कुछ रार्जषि और उन्हीं में महाराज महाभिष भी बैठे हुए थे। इतने में एक परम सुन्दरी देवी-मूर्ति, सामने से आती हुई नजर आयी। ये प्रसिद्ध मुनि-कन्या, गंगा थीं। किसी प्रयोजन से उस दरबार में ब्रह्मा से मिलने गयी थीं। मन कुछ चंचल रहने के कारण अपनी देह की खबर इन्हें न थी। देव-समाज के अदब का खयाल भी जाता रहा। इतने में जोर से हवा का एक झोंका लगा और इनका आँचल उड़कर स्थान-स्खलित हो गया। उन्हें उस अर्द्ध-नग्न अवस्था में देखकर देवताओं ने शर्म से गर्दन झुका ली,

पर महाराज महाभिष नजर गड़ाकर उन्हें देखते ही रहे।

यह देव समाज की मर्यादा के अनुकूल न था। देवराज इन्द्र होते तो इस बेअदबी का कुछ बचाव भी होता। परन्तु नहीं, यह ब्रह्मा की बैठक थी। यहाँ इतनी बड़ी त्रुटि का कैसे क्षालन हो सकता था? ब्रह्मा ने सभा की शिष्टता को कायम रखने के लिए महाभिष को शाप दे कहा, "तुमने देव-लोक की शिष्टता के खिलाफ कार्य किया है। अब तुम यहाँ रहने लायक नहीं रहे। जाओ, तुम्हें मृत्युलोक में फिर जन्म लेना पड़ेगा। तुम्हारे हृदय में वासना का अंकुर उग चुका है, अब यहाँ तुम्हारा गुजारा न होगा। लेकिन हाँ, वहाँ से भोग समाप्त करके फिर तुम स्वर्ग-राज्य में रह सकोगे।" ब्रह्मा की आज्ञा सत्य के आधार पर थी। महाभिष समझ गये कि इसका उल्लंघन असम्भव है। अस्तु, वे सोचने लगे कि किसके यहाँ जन्म लें। कितने ही राजर्षियों, महर्षियों की याद आयी। परन्तु मन वहाँ कहीं न रमा। अन्त में, महाराज प्रतीप के यहाँ पुत्र रूप से जन्म लेने का उन्होंने निश्चय कर लिया। उधर उनका भाव गंगा के हृदय में भी बस गया था, वे उन्हीं की चिन्ता में डूबी हुईं अपने घर की ओर चलीं।

रास्ते में गंगा ने विकृत कलेवर वसुओं को देखा। इनकी दुर्दशा का कारण पूछने पर गंगा को मालूम हुआ कि एक साधारण से अपराध के लिए महर्षि वशिष्ठ की शापाग्नि से विदग्ध हो रहे थे। उन्होंने कहा, "एक दिन शाम को महर्षि वशिष्ठ प्रच्छन्न वेश धारण किये बैठे हुए थे। हमें इसका कुछ ज्ञान था ही नहीं, हम लोग उनका यथोचित सम्मान बिना किये ही उधर से निकल गये। इस पर महर्षि को क्रोध आ गया। उन्होंने शाप दिया, कि मनुष्य योनि में जन्म लो। उनका शाप व्यर्थ न होगा। माता, हम लोगों की प्रार्थना है, कि आप भी हमारे उद्धार के लिए नारी-शरीर धारण करें। हम लोग साधारण स्त्री के गर्भ से पैदा होने में संकुचित हो रहे हैं।" वसुओं की प्रार्थना पर गंगा ने स्वीकृति दे दी। वसुओं ने कहा, "हे देवी, हमारे पिता हों, ऐसी योजना मृत्युलोक में प्रतीप राजा के पुत्र शान्तनु में ही होगी और आपसे एक प्रार्थना और है, जब हम आपके गर्भ से भूमिष्ठ हों, तब उसी समय हमें अपने प्रवाह-वक्ष में छोड़ दिया कीजिएगा। इससे हमारी जन्म-ज्वाला मृत्यु के साथ ही शान्त हो जायगी।" गंगा ने उनकी इस प्रार्थना को

भी स्वीकार कर लिया। कुछ देर सोचकर कहा, "लेकिन एक बात है, मेरा सहवास कभी निष्फल न होना चाहिए। पुत्र की इच्छा राजा की व्यर्थ न होगी।" इस पर वसुओं ने कहा, "माता, हम लोग अपने-अपने वीर्य का अष्टमांश देंगे, जिससे राजा को पुत्र की प्राप्ति होगी, परन्तु उस पुत्र से फिर वंश न चलेगा। आपके उस पुत्र की कीर्ति अमर होगी।" यह कहकर निश्चिन्त हो आठों वसु अपने-अपने स्थान की ओर चल दिये। गंगा भी वहाँ से चली आयीं।

समय के आने पर महाराज प्रतीप सुविशाल पृथ्वी के अधीश्वर हुए। एकाएक उनके हृदय में तपस्या की इच्छा बलवती हो गयी। बस, राज्य छोड़कर भगीरथी के मनोहर तट पर वे पद्मासनस्थ हो तपस्या करने लगे। महाराज प्रतीप बड़े ही रूपवान थे। उन्हें देखकर गंगा का चित्त विचलित हो गया। हृदय में प्रेम की अजेय वासना प्रबल हो उठी। हे मनोभिरामा षोड्शी मूर्ति धारण कर जल से बाहर निकलकर राजा के पास आयीं और उनकी ध्यानस्थ-अवस्था में ही उनकी दाहिनी जाँघ पर बैठ गयीं। महाराज प्रतीप ने ध्यानमग्न मुंदी हुई आँखें खोलकर देखा, तो अपार सौन्दर्य-भावना की मूर्ति, लावण्य की अलौकिक छटावाली एक स्त्री को अपनी जाँघ पर बैठी हुई देखा। राजा को बड़ा आश्चर्य हुआ। उन्होंने पूछा, "क्यों सुन्दरी, तुम यहाँ क्यों आयी हो?" उत्तर मिला, "महाराज, मैं और किसी वस्तु की प्रार्थना नहीं करती, केवल मेरी यौवन विह्वलता शान्त कीजिए। मैं आपके प्रेम की ही प्रार्थना करती हूँ। आशा है, आप मुझे निराश न करेंगे।" प्रतीप ने कहा, "अब तुम्हारी आशा मैं पूरी न कर सकूंगा। इससे शास्त्रों की मर्यादा नष्ट होगी। तुमने पहले ही शास्त्र-विरोधी कार्य किया है। अगर तुम्हें सफल मनोरथ होना था, तो प्रेमिकाओं के उचित आसन, बायीं जाँघ पर बैठना था। दाहिनी जाँघ तो केवल पुत्रियों और पुत्र-वधुओं के बैठने का स्थान है। परन्तु चूंकि तुमने दाहिनी जाँघ को अपना आसन बनाया है, इसलिए तुम मेरी पुत्र-वधू हुई। मैं स्वीकार करता हूँ कि मेरी आज्ञा से मेरा पुत्र तुम्हें अपनी सहधर्मिणी बनायेगा।" महाराज प्रतीप की धर्मानुकूल हृदय-ग्राहिणी सत्योक्ति सुनकर गंगा बोलीं, "महाराज, आपकी आज्ञा शिरोधार्य है। आप ससागरा धरित्री के एक-छत्र सम्राट् हैं। आपके अनुशासन के अनु-

कूल चलना मुझे स्वीकार है। परन्तु साथ ही एक अर्ज मैं आपसे करूँगी। वह यह कि आपके पुत्र को मेरी अभिलाषा के प्रतिकूल कोई कार्य न करना होगा। मेरा और उनका प्रेम-सम्बन्ध तभी तक दृढ़ रहेगा और यों तो मुझे परम आनन्द है कि मैं भरत कुल की कामिनी हो सकूँगी, यों भी आपको विश्वास रहे, मैं कोई साधारण स्त्री नहीं हूँ। मेरे साथ परिणय-सम्बन्ध दृढ़ करके आपके पुत्र संसार में अमर कीर्ति के अधीश्वर हो सकेंगे। आपका कुल भी पवित्र हो जायगा। अगर आपके पुत्र ने कभी मेरे प्रतिकूल कोई आचरण किया तो मैं उन्हें छोड़कर चल दूंगी।" यह कहकर गंगा वहाँ गंगा से चली गयीं।

पुत्र-प्राप्ति की आशा से महाराज प्रतीप सस्त्रीक कठोर तपस्या करने लगे। विधाता की इच्छा से महाराज प्रतीप एक परम रूपवान तेजस्वी पुत्र के पिता हुए। यह पुत्र वही महाभिष हैं, जिन्हें ब्रह्मा की सभा में नर-कलेवर धारण करने का शाप मिला था। राजा के शीतल मुहूर्त में पुत्र हुआ, इसलिए उसका नाम शान्तनु रक्खा गया।

शान्तनु के पूर्व-जन्मार्जित संस्कार बड़े ही बली और दृढ़ थे, इसीलिए शैशव काल से ही उनका रुख अक्षय स्वर्ग की ओर रहता था। जब समय पाकर शान्तनु तरुण हुए, यौवन की प्रभा अंग-अंग में श्वेत सरसिज की तरह चित्ताकर्षक होने लगी, हरएक के हृदय में कुछ देर तक उन्हें देखने की लालसा जगने लगी, तब गंगा की पिछली बातों का स्मरण करके एक दिन एकान्त में प्रतीप ने उनसे कहा, "बेटा बहुत दिनों की बात है, एक दिव्य देवांगना पुत्रार्थिनी होकर मेरे पास आयी थी। अगर वह सरोज-सुकुमारी कभी पुत्रार्थिनी होकर तुम्हारे पास आवे तो हरगिज उसका परिहार न करना। उसे अपनी सहधर्मिणी स्वीकार करके अवश्य घर ले आना। इससे तुम्हारा कल्याण होगा और देवता भी तुम्हारे यश की दुन्दुभी बजायेंगे, संसार में तुम्हारी कीर्ति अमर होगी। परन्तु तुम्हें उसके मनोविनोद के अनुकूल चलना होगा, जिस दिन तुम उसकी प्रतिकूलता करोगे, उसी दिन वह तुम्हें छोड़कर चली जायेगी।" शान्त स्वभाव शान्तनु ने पिता की आज्ञा को अमिट वेदवाक्य की तरह मान लिया। रह-रहकर बहुत दूर की—न जाने कैसी मधुर स्मृति उनके मस्तिष्क में जगने लगी। एक अभाव-सा थोड़ी देर

के लिए चित्त को न जाने कैसा कर जाने लगा। परन्तु यह क्षणिक रेखा नव-जीवन के कर्म-प्रवाह पर कोई साफ निशान नहीं लगा सकी। इधर धीरे-धीरे शान्तनु के हाथों में तमाम राज्य का भार आ गया। उनके वृद्ध माता-पिता ने अभिषेक द्वारा उन्हें सिंहासनाधिरूढ़ करके तपश्चर्या के लिए वानप्रस्थ आश्रम धारण कर जंगल को प्रस्थान किया।

शान्तनु असाधारण मेधावी थे। उनके शासन समय में प्रजा को किसी प्रकार का कष्ट नहीं हुआ। उनके अदम्य उत्साह से राजकीय शासन की श्रृंखला ही कुछ और हो गयी। कुल कार्य नियत समय पर होने लगे। भारत के एकछत्र सम्राट् प्रजा की सुख-समृद्धि के लिए नित्य ही नये कानून की सृष्टि करने लगे। प्रजा को उनकी अवस्था के अनुसार चलने में कोई कष्ट न होता था। राजस्व के रूप से जो कुछ वे प्रजा वर्ग से वसूल करते थे, वह प्रजा के ही हितार्थ ही खर्च होता था। कहीं किसी प्रकार की अव्यवस्था नहीं हो पाती थी। न कहीं अत्याचार था, न अनाचार, न कहीं चोरी का डर था, न कहीं डाका पड़ता था। किसानों को राज्य से सब तरह की सहायता मिलती थी। महाजनों से सताये जाने की उन्हें कोई शंका न थी। विचारालयों में दूध-दूध पानी-पानी अलग कर दिया जाता था। कहीं पक्षपात का नाम भी न था। सब लोग सुख की नींद सोते थे। पुलिस और सैनिक प्रजा को सम्मान की दृष्टि से देखते थे। शान्ति स्थापना में अगर राज-कर्मचारियों की ओर से कोई त्रुटि होती थी तो महाराज शान्तनु उनकी पूरी खबर लेते थे। न ब्राह्मणों के वेद-पाठ में विघ्न होता था, न समर-शूर-क्षत्रियों की अस्त्र चालना में, न वैश्यों के विदेशी तथा अपार देशी व्यवसाय में, न किसानों के कृषि कार्य में। ब्रह्मचर्य, सत्यनिष्ठा, धर्माचरण सत्साहित्य-चर्चा जहाँ देखिए वहीं देख पड़ते थे। इस तरह सूर्य के प्रताप से भी महाराज शान्तनु का प्रताप प्रचण्ड हो उठा, चन्द्र की किरणों से भी उनका स्वभाव मधुर हो गया। समस्त भू-मण्डल में महाराज शान्तनु की कीर्ति-ध्वजा फहराने लगी।

राज्य-शासन के साथ ही शान्तनु की मृगया रुचि भी बढ़ती गयी। जहाँ कहीं उन्हें विकट जंगल का पता चलता,—शेर, बराह और हिरनों के झुण्डों का संवाद मिलता, वहीं वे सशस्त्र शिकार के लिए दाखिल हो जाते। मृगया द्वारा मनोरंजन-प्रिय महाराज शान्तनु एक दिन अचानक भागीरथी के मनो-

हर तट पर जा पहुँचे। एक दिन शिकार खेलकर अपने तम्बू में लौट रहे थे कि स्वच्छ सलिला भागीरथी के तट पर स्वर्गीय सौन्दर्य पर इतराती हुई, नवयौवना, परम रूपवती एक सुकुमारी षोड्शी को देख चकित हो गये। स्त्री क्या थी चाँदनी की मूर्ति थी। अंग-अंग से लावण्य की सुकुमार धारा बह रही थी। उसकी वे आँखें थीं या सूर्य-बिम्ब पर दो विकसित रश्मियाँ क्रीड़ा कर रही थीं। मुख-मण्डल शान्त सरोवर की तरह उदार हो रहा था, कपोल युगल शीशे की तरह साफ नजर आते थे और उनके उस सुन्दर मुख पर निष्पाप आभा की झलक, झलक रही थी। आभूषणों के बिना भी सुन्दर रूप में तीनों लोक की दृष्टि आर्कषित करने की शक्ति थी। कलिकाओं से व्याकुल लहलही लता-सी उसकी देह मानो यौवन के अपार भार से दब रही थी। चम्पा के दलों-सी कनक-कान्ति छीननेवाली उसकी अँगुलियाँ, लचीली डालियों-सी बाँहें, पीनोन्मत्त उरोज, उस नितम्बिनी की शोभा और भी बढ़ा रहे थे। सबसे अधिक मोहक उसके खुले वायु में तरंगें भरते हुए आजानु-लम्बित काले-काले घुंघराले बाल थे। श्वेताम्बरा-षोडशी की मनोमोहिनी मूर्ति पर महाराज शान्तनु मुग्ध हो गये। उन नयनों में शयन करने के लिए जी व्याकुल हो गया। क्षण-क्षण में शरीर रोमांचित होने लगा। उस प्रफुल्ल पद्म पर बैठने के लिए महाराज का मन भौंरे की तरह विकल होकर गुंजार करने लगा—कितनी ही कल्पनाएँ उसने कर डालीं।

उधर उस निराभरण सुन्दरी सुकुमारी की दशा भी और ही हो गयी। महाराज शान्तनु जैसा वृषस्कन्ध, योद्धा, सुदर्शन-वीर उसने कभी न देखा था। वह एक दृष्टि से इन्हें देखने लगी। दृष्टि थक गयी, पर मन का लालच न थका। दिल हाथ से छूट गया। चार आँखें एक हुईं और मन को मौका मिला। उसने मौन-प्रार्थना सुना दी। दोनों को एक-दूसरे के दिल में जगह मिल गयी। दोनों की कण्ठ तक पहुँचती हुई तृष्णा पर दो बूँद और कण चू पड़े। प्यास और बढ़ गयी। मन्त्र सिद्ध हो गया, परन्तु उसके प्रयोग के लिए जी तड़पने लगा। महाराज शान्तनु ने वीर क्षत्रिय की तरह अपने धर्म का पालन किया। स्वयं ही उस सुन्दरी के पास उसके प्रणय-प्रार्थी बनकर गये। कहा, "हे कृशोदरी, तुम कौन हो? देवी, दानवी, गान्धर्व-कन्या, यक्षकुमारी कौन हो? तुम्हारे परिचय के लिए हृदय में बड़ी तीव्र लालसा है। मैं चाहता

हूँ कि यह मधुर यौवन काल तुम्हारे सहवास द्वारा सुखपूर्वक व्यतीत हो—तुम्हारे पाणि-ग्रहण की मुझे प्रबल अभिलाषा है।"

महाराज शान्तनु के स्वर में किसी प्रकार की कृत्रिमता न थी। वह हृदय का सच्चा और निश्छल उद्‌गार था। वे सचमुच ही गंगा के सौन्दर्य पर अपना सर्वस्व वार कर चुके थे। अपने मधुर-यौवन का लोभ भी उन्हें न था, उसे भी वे गंगा की नजर कर चुके थे। उनकी दृष्टि में प्रकृत-सौन्दर्य की जगह गंगा की मनोमोहिनी मूर्ति आ बिराजी थी, हृदय में अन्तरात्मा के आसन पर स्वच्छ सरोवर में चन्द्रबिम्ब की तरह, गंगा का चित्र पड़ रहा था। नवयुवक शान्तनु ने अपनी नवीन आकांक्षा को रोका नहीं, किन्तु उसके साथ स्वयं भी बहते गये और पिता की आज्ञा का स्मरण करके, इसे वे अपना सौभाग्य समझ रहे थे।

गंगा ने शान्तनु की ओर परीक्षक की-सी दृष्टि से एक बार देखा। नारी-हृदय वासना से मुक्त न था। महाराज शान्तनु में जिस तरह वैसे ही गंगा के हृदय में भी प्रणय-कीट प्रवेश-पथ समाप्त कर चुका था। खलबली वहाँ भी मची हुई थी। परन्तु अपने प्रेमपात्र के भाव की परीक्षा के लिए कुछ देर तक गंगा ने उसकी प्रार्थना पर मंजूरी नहीं दी। एक बात और भी है। शान्तनु गंगा को देखकर जितने मुग्ध हो गये थे, उतना मोह गंगा को नहीं हुआ, यद्यपि गंगा की अन्तरात्मा भी शान्तनु से मिलने के लिए अत्यन्त व्याकुल हो रही थी। यह शक्ति गंगा में देवत्व की थी और शान्तनु की वह दुर्बलता, जिसके कारण एकाएक सर्वस्व तक का समर्पण करके वे महाराज से एक मनुष्य की श्रेणी में अपने को समझने लगे थे, मानवीय थी। इसीलिए इस प्रेम के परिणाम में विजय गंगा की ही रही, क्योंकि शान्तनु को गंगा की शर्त मानकर चलना पड़ा। वह शर्त थी—

वसुओं के शाप को स्मरण करके गंगा ने कहा, "महाराज, आपकी इच्छा के अनुसार मैं आपकी सहधर्मिणी होना स्वीकार करती हूँ। मुझे विश्वास है, मेरे साथ रहकर आपको आमोद-प्रमोद में हर तरह की सुविधा होगी। आपके मनोरंजन के लिए मैं सदा ही उत्सुक रहा करूँगी। परन्तु मेरी एक बात अभी से सुन लीजिए। मेरी स्वतन्त्रता पर आपको किसी तरह की रुकावट डालने का अधिकार न रहेगा, न आप मुझे किसी अप्रिय सम्बो-

धन से बुला सकेंगे। आप अभी से सोचकर निश्चय कर लीजिए। अगर इस शर्त पर आप दृढ़ रहेंगे, तो मेरा और आपका सम्बन्ध अमिट है, और अगर आपसे इस शर्त का पालन न हो सका, जिस दिन आपकी ओर से उदासीनता या किसी तरह की उपेक्षा का भाव पैदा होगा, उसी दिन मैं आपको छोड़कर अपने अभीप्सित स्थान को चली जाऊँगी।"

प्रेम के भूखे शान्तनु को शर्त की दृढ़ता पर उस समय विचार का समय नहीं मिला। वे प्रेमान्ध हो रहे थे। स्नेह-लालसा इतनी प्रबल थी कि स्त्री की शर्त को ठुकराकर वे वहाँ से चले नहीं आ सके। उस समय शर्त की कठोरता, पुरुष पर स्त्री का प्रभाव, इनमें किसी विषय पर भी विचार करने की शक्ति भी उनके अन्दर नहीं रह गयी थी। सिर झुका गंगा की शर्त को उन्होंने मंजूर कर लिया। देवत्व के सामने मनुष्यत्व का मस्तक नत हो गया, लालसा संयम के सम्मुख परास्त हो गयी, पुरुष स्त्री का गुलाम बन गया।

शान्तनु को रूप का लोभ दिखा गंगा ने प्रेम के फन्दे में खूब कसकर बाँधना शुरू कर दिया। जब महाराज शान्तनु प्रतिज्ञा-बद्ध हो चुके, तब गंगा को अपनी लालसा-सिद्धि की सूझी, साथ ही हृदय की दबी हुई वासना ज्वालामुखी के भीषण विस्फोट की तरह नारी-सौन्दर्य की हरएक झलक में, हरएक हाव-भाव में, हरएक अंग से शतमुखी होकर फूट निकली। महाराज शान्तनु उस अनुपम सुन्दरी पर मुग्ध थे ही, उसे पाकर उन्हें स्वर्ग-प्राप्ति से भी बढ़कर सुखानुभव होने लगा। महाराज गंगा को अपने महल में ले आये। कितने वर्ष, कितनी ही ऋतुएँ, दोनों की नयी-नयी केलि-क्रीड़ाओं में पार हो गयीं। दीर्घ समय स्वप्न की तरह क्षण-भर में व्यतीत हो गया।

इसी समय जब दोनों केलि-प्रांगण में सुखपूर्वक विहार कर रहे थे, क्रम-क्रम से गंगा के सात पुत्र हुए। परन्तु पुत्रों के जन्म लेने के साथ ही गंगा उन्हें अपने प्रवाह-गर्भ में ले जाकर डाल देती थीं। जब कोई पुत्र पैदा होता, तब अपनी अभिलाषा सिद्धि के पहले गंगा शान्तनु को यह कहकर शान्त करती थीं, कि मैं तुम्हें प्रसन्न करूँगी। परन्तु प्रसन्नता तो भाड़ में गयी, महाराज शान्तनु को पुत्रों की हत्या पर क्रमशः दुःसह दुःख होने लगा। अन्त तक जी की जलन इतनी बढ़ गयी कि कभी-कभी वे प्रतिज्ञा-भंग के लिए भी मन को दृढ़ करने लगे। उधर गंगा के प्रेम का पाश भी कम मजबूत न था। उसे तोड़ना

महाराज के लिए कदाचित् पुत्र शोक से अधिक दुःखप्रद हो रहा था। इसलिए दो-चार वार हिम्मत करके भी मन मसोसकर रह गये।

अब की आठवें वार गंगा के गर्भ से जो अन्तिम पुत्र हुआ, उसे देखकर गंगा मुस्कुराने लगीं। पुत्रों की हत्या से महाराज को बड़ा दुःख था। इस पुत्र को देखकर उन्हें बड़ी दया आयी। साथ ही, गंगा की पुत्रघातिनी मूर्ति का स्मरण हो गया। रोंगटे खड़े हो गये। उस दिन स्त्री के लिए महाराज के हृदय का संचित अपार प्रेम पुत्र-स्नेह के निकट परास्त हो गया। यह पुत्र सुन्दर भी बड़ा था। सुकुमार आँखों से उसे अपनी ओर देखते हुए देखकर बिना बोले शान्तनु से न रहा गया। उसके जीवन के लिए, अजानी राह से होकर न जाने वह कैसा एक प्रबल स्नेह था, आया और उनके सम्पूर्ण अन्तरात्मा पर अधिकार जमा लिया। पुत्र को बचाने की बड़ी इच्छा हुई। पत्नी के प्रति विजातीय भाव-सा पैदा हो गया। गंगा से उन्होंने कहा, "देखो, इस पुत्र पर अपने अधिकार का दावा न करो। पुत्रों की हत्या देखते-देखते मेरा कलेजा टुकड़े-टुकड़े हो गया है। अब आँखों में पट्टी बाँधकर तुम्हारी स्वेच्छाचारिता मैं नहीं देख सकता। जिस पाप के जोड़ का कोई दूसरा पाप शास्त्रों में नहीं है, तुमने पुत्र-हत्या सरीखा वह महापाप तक भी कर डाला। अब बस करो।"

इस बच्चे को भी दूसरों की राह लगाने की गंगा की इच्छा न थी। इसके जीवन की सूचना पहले ही उनके पुत्रों की फिहरिस्त में दर्ज हो चुकी थी। वे शान्तनु के निषेध वाक्यों की ही बाट जोह रही थीं। शान्तनु की आज्ञा के पूर्ण विराम पर गंगा ने कहा, "महाराज, तुम्हें पुत्र की अभिलाषा है। अच्छा, यह लो, तुम्हारा पुत्र तुम्हारे पास, मैं जाती हूँ। आज से तुम्हारे साथ मेरे सहवास का अन्त हुआ। परन्तु सुनो, जिन पुत्रों की हत्या पर तुम्हें खून के आँसू बहाने पड़े, उन्हें तुम साधारण मनुष्य मत समझो, वे महातेजस्वी वसु हैं। शापग्रस्त होकर संसार में आये थे और मैं, महाराज, ऋषि-मुनि भी मेरी पूजा करते हैं—मैं गंगा हूँ। अब मैं चली, मेरे इस पुत्र को गंगादत्त कहकर पुकारना!"

गगा चली गयीं। इधर शान्तनु का नश्वर-संसार से वैराग्य हो गया। जिस अनुपमा सुन्दरी को अपनी आत्मा से भी वे अधिक प्यार करते थे, जिसके लिए दुःसह पुत्र-शोक को भी कलेजा थामकर सह लिया, आँखों का

सुरमा, स्वरूप का दर्पण, लालसा की हरी-भरी वासन्ती-वल्लरी और प्रेम की प्रत्यक्ष मूर्ति समझते थे, उसे न देखकर चिरकाल की अर्जित तपस्या-वृत्ति स्वभावत: उन्हें अपनी ओर झुका ले गयी। महाराज शान्तनु राज्य का सम्पूर्ण भार मन्त्रियों के सुपुर्द करके तपस्या के लिए अरण्यवासी हो गये। गंगा के मनोहर तट पर तपस्या में दीर्घकाल व्यतीत हो गया, परन्तु राज्य में लौटने की उन्हें सुध भी न रही।

एकाएक विरक्त हुए महाराज शान्तनु के चले जाने पर राज-कर्मचारियों को बड़ी असुविधा हुई। परन्तु बालक गंगादत्त को देखकर राजधानी के लोग बहुत कुछ सब्र कर लेने लगे। पण्डितों ने गंगादत्त का नाम देवव्रत रखा। हस्तिनापुर के लोग बालक को देवव्रत के नाम से ही पुकारते थे। देवव्रत बचपन से ही बड़े होनहार थे। उनके दमकते हुए मुखमण्डल पर बचपन से ही आत्म-गौरव की रेखा झलक जाया करती थी। भरा हुआ मुख प्रसन्नता का आईना हो रहा था। जो कोई उसे देखता, उसी के अन्दर से प्रसन्नता फूट पड़ती थी। सब लोग बच्चे को बड़ा होनहार कहते थे। सब लोग उसकी तेजो-गर्व-मण्डित प्रसन्न दीप्ति पर मुग्ध थे।

महाराज शान्तनु के चले जाने पर बच्चे का भार गंगा ने लिया। हस्तिनापुर से देवव्रत को अपने साथ ले गयीं। उसकी शिक्षा का विचार करके महर्षि वशिष्ठ के आश्रम में अध्ययन के लिए बच्चे को छोड़ आना उन्होंने दूसरी जगहों से उत्तम समझा। बालक देवव्रत माता के साथ प्रसन्नतापूर्वक वशिष्ठ के आश्रम में चले गये। बालक होनहार था ही, महर्षि वशिष्ठ भी त्रिकालज्ञ थे। बच्चे को देखते ही उन्होंने उसकी भविष्य-कीर्ति का ज्ञान-नेत्रों से अध्ययन कर लिया और बड़े आग्रह से उसे पढ़ाने के लिए तैयार हो गये। इस तरह बालक देवव्रत को वशिष्ठ के संरक्षण में छोड़कर गंगा अपने स्थान को चली गयीं। इधर यथाविधि देवव्रत की शिक्षा-दीक्षा होने लगी। पूर्वजन्मार्जित संस्कारों के कारण अल्पकाल में ही देवव्रत शास्त्रों में पारंगत हो गये। महर्षि को सर्व-शास्त्र-पारदर्शी बालक देवव्रत का उज्ज्वल भविष्य मालूम था ही, उन्होंने उसे दिल खोलकर पढ़ाया, अपनी संचित अगाध विद्या का सम्पूर्ण दान कर दिया। जब किसी विषय की कोई त्रुटि न रह गयी, तब शुभाशीर्वाद देकर महर्षि ने अपने परम-शिष्य

बालक देवव्रत को विदा किया। गंगा ने बड़े स्नेह से बच्चे का कपोल-चुम्बन किया और क्षात्र वीर-मण्डल-विजयी धनुर्वेदवारिधि परशुराम की सेवा में पहुँचकर क्षत्रियोचित धनुर्विद्या प्राप्त करने का उपदेश दिया। देवव्रत भगवान् परशुराम के आश्रम में गये। बड़ी श्रद्धा से दण्डवत् प्रणाम किया। परशुराम ने आने का कारण पूछा। समर-शिक्षा का अभिप्राय जान बालक के जोशीले चेहरे की ओर आँख उठाकर देखा। वैसा सुसंगठित होनहार बालक उनसे शिक्षा ग्रहण करने के लिए तब तक न आया था। परशुराम के रोम-रोम से आनन्द की धारा बह चली। हृदय में अगाध स्नेह उमड़ आया। बड़े प्यार से देवव्रत को वे अस्त्र-शिक्षा देने लगे। निशाने पर अचूक वार करना, दोनों हाथों से बराबर तीर चलाना, विपक्षी के वारों से बचना, चलते-फिरते निशाने पर तीर बेधना, व्यूह-रचना, सैन्य समावेश सब प्रकार के अस्त्रों का प्रयोग, और भी अनेक तरह की सामरिक शिक्षाएँ देवव्रत को दी गयीं। अपने समय के सर्वश्रेष्ठ वीर पुरुष ने शिक्षा ग्रहण में आचार्य को पूर्णतया सन्तुष्ट कर दिया। जब शिक्षा पूरी हो गयी, तब आचार्य, भगवान् परशुराम ने देव-व्रत को हृदय के अन्तस्तल से आशीर्वाद दे सहर्ष विदा किया। शिष्य की योग्यता पर परशुराम को परम सन्तोष था। उन्होंने अपने शिष्य को अभय करते हुए कहा, जाओ, तुमसे समर में जीतनेवाला संसार में कोई न होगा।

एक दिन की बात है कि देवव्रत मृगया के लिए निकले। बड़ी देर तक तलाश करते-करते दूर निकल गये। उन्हें कुछ दूर पर एक मृग दिखायी पड़ा। धनुष पर चढ़ाकर मृग का लक्ष्य करके देवव्रत ने वाण छोड़ दिया। वाण-विद्ध हो जाने पर मृग भागा, देवव्रत ने पीछे से उसे खदेड़ दिया। इस तरह उसके पीछे दौड़ते-दौड़ते देवव्रत गंगा के तट पर आ पहुँचे। यहाँ उन्होंने इतने तीर चलाये कि चारों ओर का आकाशमण्डल तीरों से छा गया। गंगा का पानी, वाणों से जान पड़ने लगा कि अब सूखना ही चाहता है।

महाराज शान्तनु वहीं तपस्या कर रहे थे। गंगा की यह दशा देख-कर उन्हें बड़ी चिन्ता हुई। वे इसका कारण विचारने लगे। थोड़ी ही देर में उन्होंने देखा कि एक परम सुन्दर राजकुमार दिव्य शस्त्रों से सुसज्जित यम-दण्ड के समान कठिन कोदण्ड लिये हुए गंगा के तट पर खड़ा है। उस तरुण

युवक की दृढ़ प्रतिज्ञा, अचल चितवन और साहसी विशाल उन्नत वक्षःस्थल देखकर महाराज शान्तनु चकित हो गये। परन्तु पहचान नहीं सके। देवव्रत को बिलकुल बचपन में उन्होंने छोड़ा था। लेकिन देवव्रत पिता को फौरन पहचान गये। उन्हें शंका हुई कि पिता को कहीं मालूम न हो जाय। संकोच-वश वे वहाँ से अन्तर्हित हो गये।

इस होनहार युवक की छवि महाराज शान्तनु की आँखों में बस गयी थी। वे उसके परिचय के लिए उतावले हो गये। गंगा से उन्होंने अपने पुत्र को देखने की प्रार्थना की। महाराज की प्रार्थना पूरी करने के लिए गंगा देवव्रत को महाराज के पास ले आयीं और कहा, "राजन्, यह वही आठवाँ बालक है, जिसके लिए आपने प्रार्थना की थी। इन्हें आप कम न समझिए, ये महापुरुष हैं। महर्षि वशिष्ठ के पास रहकर सर्वशास्त्रों में इनका प्रवेश हो चुका है और भगवान् परशुराम के निकट अस्त्र-संचालन की ये पूर्ण शिक्षा प्राप्त कर चुके हैं। समर-क्षेत्र में इनका मुकाबला करने लायक इस समय संसार में कोई वीर नहीं है, न इनके रहते समय तक होगा। ये इन्द्र से अधिक शक्तिमान हैं। शास्त्रों में भी इनका अथाह ज्ञान है। असुर-गुरु शुक्राचार्य ने जिन-जिन शास्त्रों का अध्ययन किया है, देवगुरु बृहस्पति को जिन-जिन विषयों की पारदर्शिता प्राप्त है, ये उन सब शास्त्रों का अध्ययन कर चुके हैं। धर्म, नीति, राजनीति, समरनीति और अर्थनीति इन चारों में इन्हें आप अद्वितीय समझिए। अब अपने सर्वगुणाधार पुत्र को लेकर आप आनन्दपूर्वक अपनी राजधानी लौटें।"

महाराज ने ऐसा ही किया। वे सर्व-गुण समन्वित प्रिय पुत्र को लेकर अपने राज्य को लौट आये।

भीष्म की भीषण भीष्म-प्रतिज्ञा

महाराज को राजधानी में आये हुए देखकर प्रजाजनों के मुरझाये हुए हृदय प्रसन्नता से प्रस्फुरित हो गये, जैसे वासन्ती-सरोवर के नव विकसित कमल फूल। मन्त्रियों को राजा के फिर से राज्य-भार ग्रहण करने की लालसा से अपार हर्ष हुआ, जैसे एक असह्य बोझ सिर से उतर रहा हो। महाराज और महाराजकुमार देवव्रत, एकाएक राजधानी में पहुँचे थे, इसलिए उनके स्वागत का पहले से कोई प्रबन्ध नहीं हो सका था। नगरवासियों और मन्त्रियों ने एक शुभ-दिन राजपुरोहित से पूछकर, महाराज और महाराज-कुमार के शुभागमन पर उत्सव मनाना निश्चित किया।

क्रमशः वह निश्चित दिन भी नजदीक हो आया। राजधानी में नयी शान से सजावट होने लगी। मकान लीप-पोतकर झक कर दिये गये, जगह-जगह आम के पत्ते रस्सियों में बाँधकर हर मकान के चारों ओर से वह वन्दनवार घेर दिया गया। राजद्वार में जल भरे कलश, ऊपर से आम के पल्लव और कच्चे नारियल सिन्दूर-विन्दु से लगाकर रख दिये गये। भाँति-भाँति के बाजे, तरह-तरह के राग-रागिनियाँ सुनकर प्रजाजन, राजकर्मचारी और राजा के छोटे-बड़े सरदार प्रफुल्लचित्त हो हस्तिनापुर की गलियों और सड़कों पर टहलने लगे। कहीं अखाड़े में पहलवानों की कुश्ती हो रही थी, तो कहीं मंच पर कुशल अभिनेतागण अपने-अपने कला-कौशल दिखा रहे थे। कहीं दस-पाँच भँगेड़ी भंग घोंटते हुए विजयाविषयक तरह-तरह के पद्य कह रहे थे और विजया के निन्दकों की एक साँस में लम्बी-चौड़ी प्रशंसा सुना रहे थे।

नाच-रंग, आदर-सत्कार समाप्त हो गया। महाराज ने पुनः राज्य-भार ग्रहण किया। मन्त्रियों को फुरसत मिली। कुमार देवव्रत भी पिता को काफी मदद देते थे। देवव्रत के रूप, अमित विक्रम, असीम साहस, अपार मेधा और दृढ़ चरित्र-बल की हर जगह प्रशंसा हुआ करती थी। रास्ता चलते

समय देवव्रत किसी ओर आँख नहीं उठाते, वार्तालाप करते समय अहंकार का एक भी लक्षण नहीं मिलता, सबको वे समान दृष्टि से देखते हैं, युद्ध में बेजोड़ होने पर भी वे अपने वीर महारथियों को सम्मान की दृष्टि से देखते हैं, दीन और असहाय प्रजा की हर तरह से सहायता करने के लिए तैयार रहते हैं, आदि अनेक बातों की चर्चा हुआ करती थी। क्रमशः राज्यवासी देवव्रत के आगे शान्तनु को भूल से गये। सबके चित्त पर समान भाव से कुमार ने अपना अधिकार जमा लिया।

इस तरह पूरे चार वर्ष व्यतीत हो गये। महाराज ने स्थिर चित्त से लगातार चार वर्षों तक राज्य का प्रबन्ध किया, विश्राम बहुत थोड़ा ही किया था। देवव्रत को राज्य-कार्य में दक्ष देखकर उन्हें पुत्र की योग्यता पर पूर्ण विश्वास हो गया। इधर कुछ दिनों से वे कुछ शिथिलता भी दिखलाने लगे थे। सारा काम देवव्रत को करना पड़ता था।

एक दिन महाराज के मन में मृगया की इच्छा पैदा हुई। शिकार खेलने के इरादे से वे यमुना के किनारे चले गये। एक दिन वे जंगल में प्रकृति की शोभा देखते हुए इधर-उधर विचरण कर रहे थे कि एकाएक उनका हृदय मस्त हो गया। सैकड़ों फूलों की सुगन्ध एकसाथ मिलकर आने लगी। महाराज को बड़ा आश्चर्य हुआ। वे इसका कारण कुछ समझ न सके। कहाँ से वह सुगन्ध आ रही थी, इसका पता लगाने के लिए चित्त चंचल हो गया। बड़ी देर तक वे उसकी तलाश में फिरते रहे। जब यमुना के बिल्कुल तट पर जा पहुँचे, तो एक परम सुन्दरी स्त्री को सामने खड़ी हुई देख वे मुग्ध हो गये। देखते ही हाल-बेहाल हो गया। उसकी सूरत से महाराज को मालूम तो हो गया कि वह किसकी लड़की है, परन्तु निश्चय कर लेने के विचार से पूछा कि वह किसकी लड़की है। महाराज की भड़कीली पोशाक देखकर वह युवती समझ गयी कि ये कोई साधारण मनुष्य नहीं हैं। उसने बड़े ही नम्र-शब्दों में उत्तर दिया। कहा, "महाशय, मैं मल्लाह की लड़की हूँ। पिता की आज्ञा से खेवा पार किया करती हूँ।" उसकी सरल बातें शान्तनु के कलेजे में चोट कर गयीं। उसे पाने के लिए, उसके साथ विवाह तक करने के लिए शान्तनु तैयार हो गये। वे उसके पिता के पास इस प्रस्ताव को लेकर गये।

धीवराधिप ने धीरतापूर्वक शान्तनु की कुल बातें सुनीं। आकांक्षा के वशीभूत होकर वे विवाह के लिए तैयार हो रहे हैं, इसके समझने में उसे देर न लगी। उसने कहा, "महाराज, सुनिये—मैं आपसे विनयपूर्वक कुछ कहना चाहता हूँ। यह तो सर्वसम्मत है कि जिस घर में कन्या होती है, वह कहीं-न-कहीं उसका विवाह करता ही है। फिर भी माता-पिता अपनी प्यारी कन्या को जहाँ तक उसे हो सकता है योग्य वर के हाथों ही सौंपते हैं। आपकी योग्यता में भला क्या सन्देह है? मेरा तो यह परम सौभाग्य है कि आप मेरी कन्या के पाणि-ग्रहण के लिए खुद प्रस्ताव कर रहे हैं। नहीं तो भला मुझे वह साहस कहाँ था कि मैं इस विवाह के लिए स्वयं आपसे प्रस्ताव करता। यह कन्या बड़ी ही भाग्यवती है। इसके भाग्य से आज मेरी कुटिया आपके चरण-स्पर्श से पवित्र हो गयी। परन्तु, महाराज, मेरी एक विनय पहले सुन लीजिए। मुझे विवाह कर देने में कोई उज्र नहीं।

"सिर्फ एक बात है। वह यह कि मेरी कन्या के गर्भ से जो बच्चा पैदा होगा, आपके पश्चात् राज्य का अधिकारी वही होगा। इस शर्त को आप मंजूर कर लीजिए, विवाह में यह इतनी अड़चन है।"

शुरू से आखीर तक धीवर की बातें महाराज ने धैर्यपूर्वक सुन लीं। परन्तु इसका कुछ उत्तर उन्होंने नहीं दिया। देते भी कैसे? नीति का विरोध जो हो रहा था। महाराज के एक पुत्र और परम योग्य पुत्र, देवव्रत राज्यसिंहासन के उत्तराधिकारी थे ही। धीवर की बातों से महाराज के हृदय को बड़ी चोट लगी। वे कुछ देर तक के लिए तो पहले बहुत व्याकुल हो गये थे। परन्तु नीति की मर्यादा पर अटल रहने के कारण एक बल भी उनके भीतर से पैदा हुआ, जिससे काम-ज्वाला बहुत कुछ प्रशमित हो गयी। परन्तु अनंग का रंग रह-रहकर महाराज को अपना प्रभाव जता देता था। वे उस नव-यौवना सुन्दरी की रूप-माधुरी को एक क्षण के लिए भी नहीं भूल सके। हृदय को जितना ही सँभालते थे, वह उतना ही टूटता जाता था। आखिर को वहाँ से चुपचाप महाराज हस्तिनापुर चले आये।

राजधानी में आते ही महाराज की चिन्ता उन्हें और विकल करने लगी। घटने के बजाय वह बढ़ती ही गयी। अन्त तक हाल यह हुआ कि राजपाट से उन्हें एक प्रकार की उदासीनता-सी हो गयी। कुमार देवव्रत को पहले ही

से राज्य का प्रबन्ध करना पड़ता था, इसलिए बहुत दिनों तक तो लोगों को महाराज की बेकली का कुछ हाल मिला ही नहीं। मन्त्रियों को भी महाराज से मिलने की प्रायः जरूरत न होती थी। कारण देवव्रत स्वयं मन्त्रियों से सलाह वगैरह कर लिया करते थे।

महाराज की उदासीनता पर सबसे पहले देवव्रत का ध्यान गया। वे पिता की रोज सेवा किया करते थे। सेवकों की कमी न रहने पर भी पिता की सेवा करना देवव्रत अपना प्रथम कर्त्तव्य समझते थे। पहले-पहल पिता के उदास भाव पर उन्होंने विशेष कुछ विचार नहीं किया। उसे निष्कारण ही हुआ समझते थे। परन्तु जब उनका वह भाव दिन-दिन बढ़ता हुआ दिखायी दिया, तब बिना पूछे देवव्रत से न रहा गया। कई दिन तो संकोचवश पूछने का इरादा करके भी वे पूछ नहीं सके। शान्तनु की चेष्टाएँ कुछ ऐसी हो रही थीं, जिन्हें देखकर उनके सम्बन्ध में कुछ प्रश्न करते हुए देवव्रत को एक अज्ञात संकोच हो आता था। जब किसी तरह उन्होंने पिता के भाव को बदलते हुए न देखा और न उन्हें स्वयं उस सम्बन्ध में किसी से कुछ कहते हुए सुना, तब निश्चय कर लिया कि आज पिता से मानसिक पीड़ा का कारण अवश्य पूछूंगा।

उस दिन जब सेवा के लिए देवव्रत पिता के पास हाजिर हुए और उन्हें उसी तरह चिन्ताक्लिष्ट पड़े हुए देखा, तो हाथ जोड़ विनय स्वर में पूछा कि, "पिताजी, जब से आप मृगया करके लौटे हैं, तब से मैं आपको चिन्ता-ग्रस्त देख रहा हूँ। क्रमशः आपकी भावुकता बढ़ती जा रही है। मुझे ऐसा प्रतीत होता है कि आप उदासीन रहते हैं। आप न तो इसकी कोई दवा कराते हैं और न किसी दूसरे से कहते ही हैं कि आपको क्या हो गया है। पहले तो मुझे पूछने की हिम्मत ही नहीं होती थी। परन्तु आपकी अवस्था देखकर अन्त में मुझसे रहा भी न गया। बतलाइये, आपको क्या कष्ट है? मुझे आपके कष्ट से बड़ी पीड़ा होती है। आप कहिए, मैं आपके रोग-प्रशमन का कोई उपाय करूँ।"

देवव्रत की बातों में भक्ति थी; पिता के प्रति उनकी अगाध श्रद्धा प्रकट हो रही थी। शान्तनु उनके आग्रह को हटा नहीं सके। अपनी व्यथा की कहानी पुत्र के निकट प्रकट कर दी। कहा, "बेटा, तुम मेरे पुत्र हो। मेरी

उदासीनता का कारण जानना चाहते हो। तुम मेरे वंश के दीपक हो। विद्या और अस्त्र-शिक्षा में तुम बेजोड़ हो। तुम्हारे संस्कार जबरदस्त हैं। परन्तु, यह इतना सब होते हुए भी न जाने क्यों मुझे तुम्हारे लिए चिन्ता लगी रहती है। कारण, संसार में सबकुछ नश्वर है। सबसे अधिक चिन्ता का कारण तो यही है। अगर तुम्हारा किसी तरह कोई अनिष्ट हो गया, तो हमारा कुल उजड़ जायगा। तुम्हारे लिये मुझे दृढ़ विश्वास है कि तुम अकेले सौ पुत्रों के बराबर हो, बल्कि उनसे भी बढ़कर हो। इसलिए तुम्हारे रहते अब विवाह करना उचित नहीं है। परन्तु बेटा, धार्मिक सिद्धान्त कुछ और है। वंश के अनुशासन में एक पुत्रवाला निस्सन्तान कहा जाता है, तुम्हें मैं ज्यादा क्या समझाऊँ, तुम स्वयं सब शास्त्र-पारंगत हो। तुम्हारे हृदय में किसी प्रकार का कलुष भी नहीं है, तुम महारथी वीर हो। मैं आशीर्वाद देता हूँ, तुम्हारा शरीर समर-क्षेत्र को छोड़ अन्यत्र कहीं भी नष्ट न होगा, अधिक और क्या कहूँ, मुझे तुम्हारे लिए बड़ी चिन्ता रहती है। यही कारण है कि मेरा शरीर दुर्बल और मस्तिष्क क्षीण होता जा रहा है!"

देवव्रत को पिता की बातों से बड़ी चिन्ता हो गयी। पिता की खिन्नता का कारण वे स्वयं हैं, यह उन्हें और दुःखदायी हो गया। यह हाल उन्होंने अपने वयोवृद्ध एक मन्त्री से कहा। महाराज की उदासीनता का कारण सुन-कर पहले वे स्वयं महाराज से मिलने के लिए गये। उस समय देवव्रत से उन्होंने कुछ नहीं कहा। महाराज से मिलने पर उन्हें धीवर-कन्या का कुल हाल मालूम हो गया। उसके प्रति महाराज की आसक्ति भी जाहिर हो गयी। मन्त्री ने महाराज की बातें तो चुपचाप सुन लीं, परन्तु उनका कुछ उत्तर या आश्वासन उन्होंने नहीं दिया। कारण, देवव्रत को वे हृदय से प्यार करते थे। देवव्रत के गुणों पर वे इतने मुग्ध थे कि धीवर की शर्त को सुनकर उनके हृदय में आग-सी लग गयी थी। देवव्रत जैसे सुयोग्य राजपुत्र को गद्दी न मिले, इस शर्त पर महाराज का दूसरा विवाह हो, यह उन्हें किसी भी तरह वांछित न था। इसलिए, महाराज की बातों में अपनी राय बिना दिये ही वे चुपचाप वहाँ से उठकर चले आये। उनके आने पर देवव्रत उनसे फिर मिले। पिता के लिए अब क्या करना उचित होगा, इसके सम्बन्ध में उनसे विचार करने लगे। महाराज शान्तनु की मानसिक अवस्था, सत्यवती के प्रति उनका

अनुराग, धीवरराज की शर्त, महाराज का देवव्रत के प्रति प्रेम, ये सब बातें मन्त्री ने देवव्रत को विस्तारपूर्वक सुनाकर कहा, अगर सत्यवती किसी तरह आ सके तो महाराज की आधिव्याधि सब तत्काल दूर हो जाय।

देवव्रत मन्त्री की बात सुनकर कुछ देर तक विचार करते रहे। मन में उन्होंने निश्चय कर लिया कि अपनी तरफ से पिता को सुखी करने में वे कोई कोर-कसर न उठा रखेंगे। मन्त्री से उन्होंने कहा, "मैं धीवरराज से मिलने के लिए जाता हूँ। पिता को सुखी करना ही मेरा धर्म है। मैं यथा-साध्य इस धर्म का पालन अवश्य करूँगा।" देवव्रत का अविचल भाव देखकर मन्त्रमुग्ध की तरह मन्त्री एकटक उन्हें ताकते रह गये। उनसे कुछ कहा नहीं गया। धीर-भाव से देवव्रत ने वहाँ से चलकर सारथि को रथ तैयार करने के लिए कहा। बात-की-बात में रथ तैयार कर लाया गया। उनके साथ उनके सामन्त-सरदार भी हो लिये। सबको साथ ले, रथ पर सवार हो, यमुना तट की ओर चलने के लिए उन्होंने सारथि को रथ बढ़ाने को कहा।

रथ यमुना के मनोहर तट पर पहुँचा। देवव्रत रथ से उतरकर धीवर-राज की कुटिया की तलाश करने लगे। पता उन्हें मन्त्री से मालूम हो चुका था। इसलिए यथास्थान पहुँचने में उन्हें देर नहीं लगी। धीवरराज ने कुमार का बड़ा स्वागत किया। बड़ी भक्ति दिखलायी। देवव्रत ने धीवर से कन्या के लिए प्रार्थना की। उसने सामन्त-राजाओं के सामने हाथ जोड़कर देवव्रत से कहा, "हे कुमार, आप महाराज शान्तनु कुल के कुलदीपक हैं। आपकी प्रशंसा राज्य के एक छोर से दूसरे छोर तक फैली हुई है। आपकी तरह यशस्वी पुत्र शायद ही कभी किसी को मिलता है। परन्तु आप स्वयं विचार कीजिए कि इस तरह का सम्बन्ध छोड़कर किसे दुख नहीं होता। मैं तो एक साधारण मनुष्य हूँ, साक्षात् इन्द्र भी ऐसा सम्बन्ध छोड़कर दुख करेंगे और सत्यवती भी किसी साधारण मनुष्य की कन्या नहीं है। उसके पिता आप ही की तरह गुणवान हैं। उन्होंने वारम्वार मेरे पास आपके पिता की तारीफ की है और कहा है कि सत्यवती के साथ विवाह करने के एकमात्र वही अधिकारी कहे जा सकते हैं। परन्तु मैंने कन्या का पालन किया है। उस पर मेरा सम्पूर्ण अधिकार है। उसकी शुभकामना के विचार से एक बात मैं आपसे कहूँगा। आप बुद्धिमान हैं, धार्मिक हैं, मुझे इस विवाह में एक संकोच हो रहा

है। वह यह कि विवाह के हो जाने पर आपके घर में कलह की आग लग जायेगी। आप वीर हैं। आपके जोड़ का योद्धा इस समय संसार में कोई नहीं है। देवता भी आपका बल-विक्रम देखकर घबराये हुए हैं। मुझे भय है कि आप बिगड़ जायेंगे तो क्षण-भर में ही आपके शत्रुओं का विनाश हो जायगा। बस इतना ही मुझे डर है। इसके अलावा इस विवाह में मुझे और कोई दोष नहीं दीख पड़ता, न मुझे कोई संशय है।"

देवव्रत के पूर्वजन्मार्जित संस्कार धीवर की बात सुनते ही जाग्रत हो उठे। पिता के प्रति अगाध भक्ति की आड़ में उनकी चिरकाल की तपस्या क्षण-भर में प्रगट हो गयी। उन्होंने राजाओं के सामने धीवर को उत्तर देते हुए कहा, "हे सत्यवादी, मेरा सत्यव्रत सुनो। मैं निश्चयपूर्वक कहता हूँ, तुम जैसा कहोगे, मैं उसी के अनुसार कार्य करूँगा। इस कन्या के गर्भ से जो बालक पैदा होगा, हम उसे ही अपना राजा बनायेंगे।" धीवर ने कहा, "कुमार, आपकी प्रतिज्ञा मैंने सुनी। यह आपकी शक्ति के लिए कोई बड़ी बात नहीं है। अस्तु, अब आप पर मुझे ज़रा भी सन्देह नहीं है और क्योंकि इतना बड़ा उत्तरदायित्व आपने अपने ऊपर ले लिया है, इसलिए अब से इस कन्या के अभिभावक भी आप ही हुए। यह सब तो ठीक है। परन्तु फिर भी मुझे एक सन्देह हो रहा है। मेरी बातों से निरा बचपन प्रकट होगा, तो भी मुझे वह बात आपसे कहनी होगी। हे कुमार, आप पर तो मेरा सन्देह नहीं रहा, परन्तु आपके पुत्र सत्यवती के पुत्र-कलत्रों के साथ अपने हक के लिए लड़ सकते हैं।" धीवर का मतलब देवव्रत समझ गये। पिता की प्रीति के लिए सर्वस्व तक का त्याग करना उनके लिए ज़रा-सी बात थी। निःसंकोच भाव से उन्होंने कहा, "इससे पहले मैं साम्राज्य का त्याग कर चुका हूँ, अब मैं प्रतिज्ञा करता हूँ कि विवाह भी न करूँगा। चिरकाल तक ब्रह्मचारी बनकर रहूँगा।" देवव्रत की इस कठोर प्रतिज्ञा से सामन्त-मण्डल में एक प्रकार की खलबली पैदा हो गयी। देवव्रत की महत्ता सबके रोम-रोम में व्याप्त हो गयी। धीवर तो मारे प्रसन्नता के पागल-सा हो गया। इतनी बड़ी महत्ता का उदाहरण उसने कभी न देखा था। उसने कहा, "कुमार, अब मैं तुम्हारे ही पिता को कन्यादान करूँगा।"

देवताओं ने भी देवव्रत की कठोर प्रतिज्ञा सुनी। सबको परम प्रसन्नता

हुई। सबके हृदय में स्वजाति अभिमान की धारा बहने लगी। इस कठोर प्रतिज्ञा के करने के कारण देवताओं ने देवव्रत को 'भीष्म' की उपाधि से सम्बोधित किया। उसी दिन से देवव्रत को लोग 'भीष्म' कहकर पुकारने लगे।

सत्यवती से भीष्म ने कहा, "माता, रथ पर सवार हूजिए। हमें अब घर चलना चाहिए।" सत्यवती को लेकर सामन्त-राजाओं के साथ भीष्म हस्तिनापुर में आये। पिता को प्रणाम किया। सामन्त-राजाओं से भीष्म की प्रतिज्ञा सुनकर महाराज शान्तनु को बड़ा हर्ष हुआ। पुत्र की कीर्ति पर उन्हें और भी श्रद्धा हो गयी। भीष्म को उन्होंने यह कहकर आशीर्वाद दिया, "महात्मन्, स्वेच्छा के बिना तुम्हारी मृत्यु न होगी।"

तृतीय परिच्छेद

प्रतिज्ञा-पालन

पुरुवंश में उपरिचर नाम के एक राजा हुए हैं। इनका एक और नाम पशु भी था। एक बार ये मृगया के लिए बाहर जंगल की ओर निकल गये थे। वहीं एक अशोक के पेड़ की सुशीतल छाया में बैठे हुए वे अपनी प्रेयसी की चिन्ता में मग्न हो रहे थे कि वसन्त की श्रीसुरभि और मधुर-मधुर हवा के झोंकों से से इनकी उद्दीपना बढ़ गयी और वहीं इनका वीर्यपात हो गया। उस समय इनकी प्रेयसी रानी ऋतुवती थी। शुक्र निष्फल न हो, इस विचार से उसे एक दोने में रखकर पास के एक बाज से इन्होंने कहा कि इसे लेकर मेरी पत्नी को दे आओ। राजा की प्रार्थना पर बाज ने उस शुक्र-विन्दु को अपनी चोंच से उठा लिया। परन्तु मार्ग में जब वह उड़ता हुआ रानी के महल की ओर जा रहा था, तब एक दूसरे बाज से उसकी मुलाकात हुई। इस दूसरे ने इसे कुछ ले जाते हुए देखकर इससे अपना भोजन छीन लेना चाहा। दोनों में लड़ाई छिड़ गयी। फल यह हुआ कि वह शुक्र-विन्दु बाज की चोंच से छूटकर नीचे,

यमुनावक्ष पर आ गिरा। यमुना की एक मछली उस शुक्र-विन्दु को खा गयी। वह मछली पूर्वजन्म की अप्सरा थी। नाम था अद्रिका। ब्रह्मशाप से मछली होकर यमुना में रहती थी। उस विन्दु से उसके गर्भ रह गया। दसवें महीने में एक मछुए ने जाल से उस मछली को पकड़ा। उसके पेट से दो बच्चे निकले—एक कन्या और एक लड़का। दोनों को लेकर वह राजा उपरिचर के पास गया। राजा ने लड़के को तो ले लिया, परन्तु लड़की को उसे ही दे दिया। इसी लड़की का नाम मत्स्यगन्धा पड़ा। एक बार मत्स्यगन्धा यमुना के तट पर यात्रियों को पार उतार रही थी। उसी समय पाराशर-ऋषि पार जाने के लिए यमुना के तट पर आये। उन्हें जब वह पार उतार रही थी उस महर्षि को उसे देखकर कामोद्दीपन होने लगा। उन्होंने मत्स्यगन्धा से अपने अन्दर की बात कही। सुनकर उस अविवाहित युवती कन्या ने कहा, "प्रभो, आपकी इच्छा की पूर्ति कैसे करूँ। दोनों किनारे पर ऋषि-मुनि खड़े हुए हम लोगों को देख रहे हैं।" पराशर ऋषि ने कहा, "अच्छा, तुम्हें लज्जा होती है, तो यह लो, हम कुहरे की सृष्टि करते हैं।" महर्षि की इच्छामात्र से दोनों तट कुहरे से समाच्छन्न हो गये। तब उस कुमारी ने कहा, "भगवन्, मैं अविवाहिता हूँ, मेरा सतीत्व नष्ट होगा तो मेरा कुमारीपन फिर नष्ट हो जायेगा।" महर्षि बोले, "शुभे, मेरी इच्छा पूरी होगी तो तुम्हारा कौमार्य नष्ट न होगा। मैं तुम पर प्रसन्न हूँ। तुम मेरी कामना पूरी करो।" अस्तु, महर्षि ने उस कन्या के साथ अपनी वासना पूरी की और उसे वरदान दिया कि तुम्हारी देह से जो यह मछली की बू निकलती है यह अब न रह जायेगी, बल्कि उसकी जगह तुम्हारी देह से सदा सुगन्ध निकलती रहेगी और दो-चार कोस तक के मनुष्य तुम्हारी सुगन्धि से मुग्ध हो जायेंगे। महर्षि के प्रसंग के पश्चात् सत्यवती गर्भवती हो गयी। उसके उसी गर्भ से व्यासदेव की उत्पत्ति हुई। सत्यवती का यही इतिहास है।

उसी सत्यवती को भीष्म हस्तिनापुर में ले आये। उसे पाते ही महाराज शान्तनु की कुल व्याधियाँ दूर हो गयीं। महाराज शान्तनु से सत्यवती का विवाह भी सानन्द समाप्त हो गया। दोनों सुखपूर्वक रहने लगे। महाराज शान्तनु को कुछ दिनों के लिए फिर सारा संसार राज-पाट, सब भूल-सा गया। दिन-रात वे प्रमोद-उद्यान में ही रहने लगे। कुछ काल पश्चात् सत्य-

वती गर्भवती हुई। यथासमय एक परम रूपवान कुमार चित्रांगद का जन्म हुआ। पिता के समान ये भी बड़े बली और तेजस्वी हुए। एक पुत्र सत्यवती के और हुआ। इसका नाम विचित्रवीर्य रक्खा गया। महाराज शान्तनु संसार-उद्यान के पके-फल हो रहे थे, काल-समीर के कुछ झोंकों के लगते ही वृक्ष से च्युत हो गये। उनके शरीर छोड़ने पर कुरु-परिवार एकाएक एक अथाह शोक-समुद्र में गिर गया। सत्यवती जवानी में ही विधवा हो गयी। भीष्म के सामने अब एक बहुत ही बड़ा कर्त्तव्य आ गया। पिता की श्राद्ध-क्रिया, माता को आश्वासन प्रदान, भाइयों की शिक्षा, उधर निस्पृह भाव से राज्य शासन, सब काम एक साथ ही भीष्म पर मानो उनके धैर्य की परीक्षा के लिए नियति की अजेय सेना की तरह टूट पड़े। उस समय भी भीष्म को किसी ने विचलित होते नहीं देखा। एक-एक करके अपने कुल कर्त्तव्यों को वे पूरा करते गये।

महाराज शान्तनु के बाद, सत्यवती की आज्ञा के अनुसार भीष्म ने चित्रांगद को राजगद्दी दी। इन्होंने अपने बाहुबल से तमाम राजाओं पर विजय प्राप्त कर ली। उसी समय चित्रांगद नाम का एक दूसरा राजा था। वह गन्धर्व था। उसके बल की थाह न थी। चारों ओर उसके बल-विक्रम की तारीफ हो रही थी। यह प्रशंसा सुनकर, समर में परास्त करने के लिए कुरुवंशी चित्रांगद ने अपनी फौज और सामन्त सरदारों के साथ उस पर चढ़ाई का डंका पिटवा दिया। समर-भूमि में प्रचण्ड प्रतिद्वन्दिता छिड़ गयी। आखिर शान्तनु के पुत्र, चित्रांगद, उस गन्धर्व के हाथों मारे गये। भीष्म को इसका अत्यन्त शोक हुआ। परन्तु विधि की इच्छा पर किसी का क्या वश। भीष्म मन मारकर रह गये। इधर राजगद्दी बिना नरेश के हो गयी। सत्यवती का दूसरा लड़का, विचित्रवीर्य उस समय बच्चा था। भीष्म ने उसी को राजगद्दी दी। सारा प्रबन्ध खुद करते।

धीरे-धीरे विचित्रवीर्य बड़े हुए। भीष्म को इनके विवाह की चिन्ता होने लगी। परन्तु कहीं किसी योग्य कन्या का पता न लग रहा था। एकाएक भीष्म ने सुना कि काशी नरेश की कुमारियों का स्वयंवर होनेवाला है। उन्हें इससे बहुत कुछ आशा हो आयी। सत्यवती की आज्ञा लेकर भीष्म काशी चलने के लिए तैयार हो गये। काशी में भारत के बड़े-बड़े राजा-

महाराजा इकट्ठे थे। स्वयंवर सभा का दिन भी आ गया। काशी नरेश ने सब राजाओं का उचित स्वागत किया। सभा में अपने-अपने आसनों पर, देश-देश के राजा-महाराजा बैठे हुए थे। भीष्म भी अपने आसन पर विराजमान थे। काशी नरेश की तीन लड़कियाँ, सखियों के साथ एक ओर बड़ी साज-सज्जा से खड़ी हुई थीं। भाट उनके सामने सब देश के राजाओं की तारीफ कर रहा था। भीष्म को अब अधिक विलम्ब करना अनुचित जान पड़ा, क्योंकि वे कुछ अपने विवाह के लिए तो गये ही न थे, उनका उद्देश्य कुछ दूसरा था। वे उठे, और तीन कुमारियों को जबरन अपने रथ पर बैठा लिया। सब राजा भीष्म का मुँह ताकते रह गये। भीष्म ने कहा, "आमन्त्रित राजाओ, भारत में विवाह की कितनी ही प्रथाएँ प्रचलित हैं। कोई तो अपनी कन्या को वस्त्र और अलंकारों से सुसज्जित करके किसी योग्य पात्र को कन्या-दान करते हैं, कोई गो-मिथुन का दान करके, फिर कन्यादान करते हैं, कोई दहेज देकर कन्या का विवाह करते हैं, कोई बलपूर्वक विवाह करते हैं, कोई प्रेम-संभाषण द्वारा अविवाहिता युवती को मुग्ध करके उसका पाणि-पीड़न करते हैं, कोई प्रमत्ता कुमारी स्वेच्छा से विवाह करती है, कोई आर्ष-विवाह विधि के अनुसार विवाह करते हैं। कोई कन्या के पिता-माता को बहुत-सा धन देकर कन्या से विवाह करते हैं। इतनी विधियों में स्वयंवर ही सबसे उत्तम विवाह-विधि है और इस स्वयंवर प्रथा में कन्या को बलपूर्वक हरण कर ले जानेवाला, लोगों में बहुत बड़ी प्रशंसा का पात्र समझा जाता है। अतएव हे राजाओ, मैं इन कुमारियों को बलपूर्वक लिये जा रहा हूँ, अगर किसी में दम हो तो मेरे पंजे से इन्हें छुड़ा ले जाय।"

इतना कहकर सारथि को भीष्म ने रथ बढ़ाने की आज्ञा दी। सभा में खलबली मच गयी। राजाओं की भौंहें तन गयीं। भीष्म से कन्याओं को छुड़ा लेने के लिए एक-दूसरे को ललकारकर बढ़ावा देने लगे। काशी के बहिर्भाग में भीष्म के साथ राजाओं का घनघोर समर छिड़ गया। पर कोई भीष्म का एक बाल भी बाँका न कर सका। सबको भीष्म से परास्त होकर लौट आना पड़ा। तब कुमारियों को लेकर भीष्म हस्तिनापुर पहुँचे। राज्य की प्रजा ने अपने विजयी राजकुमार का सोत्साह स्वागत किया। कन्याओं को देखकर सत्यवती के आनन्द का तो ठिकाना न रहा।

विवाह की तैयारियाँ होने लगीं। एक दिन हँसते हुए अम्बा ने कहा, "मैं मन-ही-मन शाल्वराज को वर चुकी हूँ, उन्होंने भी मुझे ग्रहण करने के लिए वचन दिया था, मेरे पिता भी राजा थे। अब आपको जैसा उचित जान पड़े, धर्मानुसार मेरे साथ आप वैसा ही व्यवहार कीजिए।" भीष्म को बड़ी चिन्ता हुई। ब्राह्मणों से विचार करके उन्होंने काशी-नरेश की बड़ी लड़की अम्बा को इच्छानुरूप, स्वतन्त्रतापूर्वक कार्य करने की आज्ञा दे दी। अम्बिका और अम्बालिका का विचित्रवीर्य के साथ विवाह कर दिया। एक तो विचित्र-वीर्य स्वयं बड़े रूपवान थे, दूसरे उन्हें रूपवती दो पत्नियाँ भी मिल गयीं, तीसरे वैभव की कोई कमी थी ही नहीं—एक विशाल राज्य के वे राजा थे। अस्तु, अपनी पत्नियों के साथ वे घोर विलास में डूब गये। इससे उनका स्वास्थ्य क्षीण होने लगा और कुछ ही दिनों के बाद उन्हें राजयक्ष्मा हो गया। रोग की बड़ी चिकित्सा करायी गयी। बड़े-बड़े वैद्य बुलाये गये। परन्तु फल कुछ न हुआ। अकाल में ही उन्हें काल कवलित हो जाना पड़ा।

भीष्म को भाई के शोक के साथ ही राज्य की भी बड़ी चिन्ता हुई। सत्यवती को अपने कुल की और पिण्डोदक की चिन्ता थी। एक दिन उन्होंने भीष्म से कहा, "महात्मन्, तुम्हारा यश संसार-प्रसिद्ध ही रहा है। तुम अजातशत्रु वीर धनुर्धर हो, साथ ही वेद और वेदान्त के ज्ञाता भी हो। सोचो कि अब तुम्हारा कुल डूब रहा है। तुमने विवाह न करने की प्रतिज्ञा की है, परन्तु वंश-रक्षा के लिए अब कोई उपाय नहीं रह गया है। इसलिए यदि तुम इन दोनों विधवाओं से पुत्रोत्पादन करोगे तो तुम्हें धर्मशास्त्र के अनुसार दोषी न होना पड़ेगा। क्योंकि पितृलोक की रक्षा का उपाय तुम्हें पहले सोचना होगा।"

सत्यवती की बातें समाप्त हो जाने पर महावीर भीष्म ने कहा, "माता, यह तो हरगिज न होगा। मैं जिसके लिए प्रतिज्ञा कर चुका हूँ, उस कार्य को कदापि न कर सकूँगा। आज मैं आपके समक्ष एक और प्रतिज्ञा करता हूँ, सुनिए, मैं तीनों लोक की प्राप्ति छोड़ सकता हूँ, स्वर्ग-भोग छोड़ सकता हूँ, इन्द्रत्व का त्याग कर सकता हूँ, इससे भी बड़ी अगर कोई पदवी हो तो मैं उसे भी छोड़ सकता हूँ, परन्तु सत्य का त्याग कभी न कर सकूँगा।"

सत्यवती और भीष्म में बड़ी देर तक धर्म-शास्त्रानुसार वाद-विवाद

होता रहा। भीष्म अपनी प्रतिज्ञा पर अटल रहे। पुत्रोत्पादन के लिए उन्होंने एक शास्त्रीय युक्ति बतलायी। कहा कि किसी अमोघ-वीर्य ब्राह्मण को बुलाइये और वंश-रक्षा के लिए उनसे प्रार्थना कीजिए तो उपाय हो सकता है।

भीष्म की बात सत्यवती के दिल में जम गयी। उन्हें अपने प्रथम पुत्र व्यासदेव की याद आयी। व्यास को उन्होंने बुलाया और उनके वंश की रक्षा के लिए उनसे प्रार्थना की। व्यास माता की आज्ञा मानने के लिए तैयार हो गये। वे एक रात अम्बिका और अम्बालिका के शयनागार में रहे। चलते समय व्यासदेव ने अपनी माता से कहा, "माता, आपकी आज्ञा का पालन तो मैंने किया, परन्तु, इससे आपको पूरा सन्तोष न होगा। युवतियों ने मेरा हृदय से स्वागत नहीं किया। पहली ने मेरे आते ही आँखें मूँद लीं और दूसरी को मुझे देखकर इतना डर लगा कि उसका तमाम बदन पीला पड़ गया। इसलिए पहला बालक अन्धा होगा और दूसरा पाण्डु-रोग ग्रसित।" सत्यवती सुनकर हताश हो गयी। इन दो अयोग्य बालकों से राज्य का प्रबन्ध होना उसे असम्भव दिखायी दिया। इसीलिए इन दोनों की सहायता के लिए एक चतुर सहकारी की आवश्यकता प्रतीत हुई। उन्होंने व्यासदेव से फिर प्रार्थना की और एक दासी के साथ सहभोग करने का अनुरोध किया। माता की आज्ञा पर व्यासदेव सहमत हो गये। उस दासी ने व्यासदेव की बड़ी आवभगत की, हृदय से उनका स्वागत किया। व्यासदेव ने प्रसन्न होकर उसे वरदान दिया कि तुम्हारे गर्भ से जो पुत्र होगा वह बड़ा धर्मात्मा और राजनीति का पारंगत विद्वान् होगा।

इस तरह धृतराष्ट्र, पाण्डु, और विदुर की उत्पत्ति हुई। विदुर दासी के पुत्र थे। मुरझायी हुई आश की कली फिर हरी-भरी हो गयी। भीष्म को राज्य की चिन्ता से मुक्ति मिली। महर्षि व्यास की आज्ञानुसार धृतराष्ट्र अन्धे हुए और पाण्डु पाण्डु-रोग ग्रस्त। केवल विदुर तन्दुरुस्त थे। यह देखकर भीष्म को एक प्रकार की चिन्ता बनी ही रही। धृतराष्ट्र का विवाह उन्होंने गान्धार देश की राज्यकन्या गान्धारी के साथ कर दिया। गान्धारी को जब मालूम हुआ कि उनके पति अन्धे हैं, तब उन्होंने भी आँखों में पट्टी बाँध ली और अपना सम्पूर्ण जीवन इसी अवस्था में बिता दिया। पर-पुरुष का उन्होंने कभी मुखावलोकन भी नहीं किया। पाण्डु के दो विवाह हुए। उनकी

प्रथम पत्नी कुन्ती थी और दूसरी माद्री। धृतराष्ट्र के सौ पुत्र हुए, जिनमें दुर्योधन सबसे बड़ा था। और पाण्डु के पाँच पुत्र हुए, तीन कुन्ती के गर्भ से और दो माद्री के गर्भ से। युधिष्ठिर, भीम और अर्जुन कुन्ती के पुत्र थे और नकुल और सहदेव माद्री के। विचित्रवीर्य की तरह पाण्डु को भी यौवन की प्रथम अवस्था में ही कालग्रस्त हो जाना पड़ा। इन्हें एक ऋषि का ऐसा ही शाप था। पाण्डु की मृत्यु हो जाने पर माद्री अपने पुत्रों को कुन्ती के हाथ सौंप कर पति के साथ चिता में जल गयी। माद्री मद्र देश के राजा की कन्या थी और कुन्ती श्रीकृष्ण के पिता वसुदेव की बहन।

धृतराष्ट्र अन्धे थे, इसलिए पाण्डु को ही राजगद्दी मिली थी। पाण्डु के मर जाने पर सिंहासन फिर खाली हो गया। भीष्म का प्यार पाण्डु के पुत्रों पर अधिक था। इसके कई कारण थे। एक तो पाण्डु के पुत्र बिना पिता के ही रहे थे, दूसरे वे बड़े विनयी, उदार और बड़ों का अदब करनेवाले धर्मात्मा थे। युधिष्ठिर तो इतने सरल थे कि अपने समय के सर्वश्रेष्ठ धार्मिक महापुरुष माने जाते थे और उनकी ऐसी गति आज तक संसार में किसी को मिली भी नहीं। वे सदेह स्वर्ग को चले गये थे। उनका शरीर ऐसा ही निष्पाप था। भीम, अर्जुन आदि पाण्डु के और चार लड़के भी बड़े सरल और मिलनसार थे। युधिष्ठिर की आज्ञा के बिना एक मामूली से मामूली काम भी ये न करते थे। और भी इनमें कितने ही गुण थे, जिनके कारण भीष्म की सदा इन पर कृपा-दृष्टि रहती थी।

उधर दुर्योधन वैसा ही उत्पाती था। वह हमेशा घरवालों को छकाया करता। उसके और भाई भी उसकी मदद किया करते। दुःशासन तो इतना उद्दण्ड था कि गुरुजनों की आज्ञा को समझता ही न था कि क्या चीज है। पिता के राज्य के लिए अक्सर ये लड़के घर में तकरार किया करते थे। राज-परिवार के नाकों-दम आ गया। इनके अत्याचार से सत्यवती बहुत घबरायीं। उन्होंने भीष्म से सलाह कर अपनी दोनों विधवा बहुओं को लेकर जंगल चले जाने का निश्चय किया। भीष्म की भी यही राय रही। अस्तु, उन्हें भीष्म रथ पर चढ़ा पास ही के एक तपोवन में ऋषि-परिजनों के बीच में छोड़ आये। वे प्रसन्नतापूर्वक वहाँ रहने लगीं। वहीं उनकी सांसारिक आयु भी पूरी हुई और इसके पश्चात् तीनों अपने-अपने पतिलोक को चली गयीं।

चतुर्थ परिच्छेद

महाभारत का सूत्रपात

धीरे-धीरे धृतराष्ट्र और पाण्डु के लड़के बड़े होने लगे। इनकी शिक्षा का भार भी भीष्म पर आ पड़ा। भीष्म के सिवा राज्य परिवार में कोई दूसरा और था ही नहीं, जो उचित रीति से बालकों को पढ़ाने का प्रबन्ध करता। धर्म और राजनीति की शिक्षा राजकुमारों को भीष्म स्वयं देते थे। दुर्योधन की दुष्ट प्रकृति को वे पहले ही पहचान गये थे, और इसकी दवा मार-पीट या दमन से न होगी, यह उन्हें निश्चय हो चुका था। वे जानते थे कि काँटा काँटे से ही निकलता है, इसलिए दुर्योधन और दुःशासन की प्रकृति में सुधार करने की आवश्यकता है। शासन से काम न चलेगा। बल्कि ये उससे और असंयत हो जायेंगे। इसी विचार से धृतराष्ट्र और पाण्डु के पुत्रों का धार्मिक और राजनीतिक शिक्षा का भार उन्होंने अपने सिर ले लिया था। कुछ दिनों के बाद उन्हें मालूम हो गया कि दुर्योधन की प्रकृति रस्सी की तरह से है जिसके जल जाने पर भी ऐंठन बनी ही रहती है। युधिष्ठिर को भीष्म बहुत प्यार करते थे। ये शान्त तो थे ही, किन्तु धार्मिक और राजनीतिक सिद्धान्तों को इतना जल्द समझ लेते थे कि भीष्म को उनसे बहुत बड़ी-बड़ी आशाएँ होने लगी थीं। वे समझ गये कि कुरुवंशीय सिंहासन युधिष्ठिर से धन्य हो जायेगा। युधिष्ठिर धर्मनीति ओर राजनीति में आशातीत सफलता प्राप्त करने लगे। अर्जुन भी उनकी तरह कुशाग्रबुद्धि थे। पर कभी-कभी उनमें आवेश आ जाता था। भीम को इस विद्या से सख्त नफरत थी। कुछ दिनों के बाद भीष्म को दूसरे राजकुमारों की अपेक्षा सहदेव से अधिक आशा होने लगी। ये शान्त तो थे, पर प्रखर अत्यन्त थे, इनकी प्रकृति में पाण्डित्य था।

भीष्म को धार्मिक शिक्षा के अलावा राजनीति की शिक्षा भी देनी थी, परन्तु यह काम वे किसी दूसरे मान्य मनुष्य को सौंपना चाहते थे। तलाश करने पर भी कोई योग्य पुरुष न मिल रहा था। एक दिन उनकी इच्छा एकाएक पूरी हो गयी। आचार्य द्रोण हस्तिनापुर आये। भीष्म ने उनका

बड़ा स्वागत किया और राजकुमारों की अस्त्र-शिक्षा का भार इनके हाथों सौंपकर निश्चिन्त हो गये। आचार्य द्रोण आये भी बड़े मौके से थे।

एक दिन सब राजकुमार मिलकर गेंद-बल्ला खेल रहे थे। खेलते-ही-खेलते किसी ने पाँव मारा और गेंद कुएँ के अन्दर चली गयी। लड़के कुएँ के ऊपर से नीचे की ओर झाँकते और हताश भाव से एक-दूसरे का मुख ताकने लगते। वहाँ साठ हाथ नीचे किसी का क्या बस था। लड़के बहुत घबराये। इतने में कुछ लड़कों ने देखा कि तरकस बाँधे और हाथ में धनुष लिये जनेऊ-धारी एक वृद्ध उसी तरफ आ रहा है। लड़कों ने उस वृद्ध को घेर लिया और स्वार्थभरी विनय से कहा, "बाबा, हमारा गेंद कुएँ में गिर गया है, क्या निकाल न दोगे?" वृद्ध को बच्चों पर दया आ गयी। उन्होंने अपने तरकस से तीर निकाला और निशाना साधकर तीर मारा कि गेंद तीर के साथ बाहर आ गया! लड़के तो मारे प्रसन्नता के पिघल गये। कुछ भीष्म के पास दौड़े हुए गये और एक साँस में लगातार उस वृद्ध की तारीफ करते गये। इस अचम्भे की बात सुनकर भीष्म को भी उस वृद्ध को देखने की इच्छा हुई। मन में तरह-तरह की भावनाएँ उठने लगीं। वे उस कुएँ के पास आये और दूर से द्रोण को खड़े हुए देखा तो बड़े प्रसन्न हुए।

कुछ लड़के द्रोण को बड़े गौर से देख रहे थे। लड़कों के सरल आश्चर्य पर द्रोण खड़े मुस्करा रहे थे। इसी समय भीष्म आये। द्रोण को भीष्म ने हृदय से लगा लिया और राजकुमारों को प्रणाम करने की आज्ञा दी। फिर द्रोण को साथ ही वे राजपुरी में ले गये। द्रोण ने अपनी सारी दुःख की कहानी भीष्म को सुनाकर अपने भोजन के लिए उनसे प्रबन्ध कर देने की प्रार्थना की। ब्राह्मण के दुःख पर भीष्म के आँसू आ गये। उस समय क्षत्रिय समाज की जैसी अधोगति हो रही थी, उसके लिए भीष्म को बड़ा दुख हुआ। अन्त में द्रोण से सपरिवार हस्तिनापुर में रहने और राजकुमारों को धनुर्वेद-विद्या सिखलाने की उन्होंने प्रार्थना की। द्रोण ने यह कार्य स्वीकार कर लिया। उसी दिन से द्रोण राजकुमारों को धनुर्विद्या सिखलाने लगे।

समय के बीतने में देर नहीं लगती। देखते-देखते द्रोण को हस्तिनापुर में रहते कई साल हो गये। राजकुमार भी अब निरे बालक नहीं रह गये। उनकी देह पर से किशोर काल की छाया धीरे-धीरे हटती जा रही थी।

जवानी का जोश चढ़ता आ रहा था। बालपन में, अस्त्र शिक्षा के समय, धृतराष्ट्र के पुत्रों और पाण्डु के पुत्रों में कई बार मुठभेड़ हो चुकी थी। दुर्योधन आदि धृतराष्ट्र के पुत्रों को पाण्डु के पुत्रों पर हार्दिक घृणा रहा करती थी। वे एक तो स्वभाव के ही कुटिल थे, दूसरे राज्य का लोभ उन्हें अत्यन्त प्रबल था। वे जानते थे कि इसमें युधिष्ठिर को ही राज्य मिलेगा, क्योंकि उम्र में यह सबसे बड़ा है और पितामह भी इसका पक्ष लेते हैं।

ईर्ष्या की यह आग निरन्तर बढ़ती ही गयी। खेल-कूद में भी यह भाव प्रायः प्रकट हो जाया करता था। पाण्डु के और चार पुत्र तो शान्त थे, पर भीम बड़े उत्पाती थे। ये दुर्योधन आदि का अत्याचार एक क्षण के लिए भी न सहते थे। चपत का जवाब हमेशा घूंसे से दिया करते थे। कभी-कभी तो ये सौ भाइयों को अकेले ही छका दिया करते थे। एक बार 'गुलहर' का खेल हुआ। भीम उसमें न थे। इन पाँचों में नकुल ही छटकर खेलने चले गये थे। उन सौओं की चालबाजी से नकुल चोर हुए। फिर क्या था; महीनों तक रोज नकुल को चोर रहना पड़ा, कभी इन्हें दाँव ही न मिला। नकुल दुबले पड़ने लगे। एक दिन अखाड़े में नकुल को लड़ाते हुए भीम ने पूछा, "क्यों रे! कमजोर क्यों पड़ता जा रहा है?" नकुल लज्जा के मारे कुछ कह न सके। परन्तु भीम ने भी न छोड़ा। अन्त को नकुल ने खेल में अपने हारने और महीनों से दाँव देते रहने की बात कही और कहते हुए रोने लगे। भीम ने कहा, "अच्छा, आज तेरा दाँव मैं दूंगा। आज घर से बाहर न निकलना।" पता पूछकर 'गुलहर' खेलने के लिए उस रोज भीम गये। वे सबसे पहले ही से वहाँ डट गये थे। इन्हें देखते ही सब पूछने लगे कि नकुल कहाँ है, हमारे दाँव क्यों नहीं देते। भीम ने कहा, "उसकी तबीअत आज अच्छी नहीं, उसके बदले में मैं चोर रहूँगा, मुझसे ही दाँव लो। सब पेड़ पर चढ़ गये। नीचे घेरे के अन्दर गदा रखा था। भीम ने सोचा कि मेरे भाई को इन लोगों ने जिस तरह हैरान किया है, अब मुझे भी चाहिए कि इन सबको एक साथ खूब छकाऊँ और अपने भाई का बदला लूँ। यह सोचकर भीम ने पेड़ की डाली पकड़कर उसे जोर से हिलाया कि सबके सब पके आम की तरह चू पड़े, भीम ने सबको एक साथ छूकर डण्डा चूम लिया और कहा कि अब तुम सब चोर हो और मेरा दाँव दो। यह कहकर उन्होंने डण्डा फेंका। डण्डे ने मीलों

की खबर ली। दौड़ते-दौड़ते दुर्योधन आदि का दम फूलने लगा। भीम ने उस रोज सबकी पूरी कसर निकाली। यह क्रम कई दिन तक जारी रहा। इस तरह भीम से धृतराष्ट्र के लड़के बहुत घबराये रहते थे। एक वार तो जल-विहार करते समय भीम को इन लोगों ने जहर ही खिला दिया था। नदी में बहा दिया, भीम पाताल को चले गये, पर वहाँ नाग कन्या के अमृत पिलाने पर बच गये और उसके साथ विवाह कर आनन्दपूर्वक घर लौटे। कौरवों का द्वेषभाव धनुर्वेद की शिक्षा देते समय द्रोण को अच्छी तरह मालूम हो गया था। परन्तु वे निष्पक्ष भाव से ही शिक्षा देते थे। किसी पर अधिक और किसी पर कम स्नेहवाला उनका भाव न था। परन्तु फिर भी वे अर्जुन को ज्यादा प्यार करते थे। अर्जुन की अस्त्र-शिक्षा पर जैसी निष्ठा थी, उससे द्रोण मुग्ध हो गये थे। शिक्षा सुपात्र पर ही प्रभाव डालती है, तब गुरु की प्रतिभा स्वभावतः उस ओर ज्यादा झुकती है, यही कारण है कि द्रोण को अर्जुन ने मुग्ध कर लिया था।

एक दिन राजपुत्रों की परीक्षा का दिन स्थिर किया गया। पेड़ पर एक काठ की चिड़िया रख दी गयी। वही निशाना था। पहले युधिष्ठिर को धनुष और तीर दिया गया। द्रोण ने युधिष्ठिर से पूछा, "क्या देखते हो?" युधिष्ठिर ने कहा, "पेड़, पत्तियाँ सबकुछ देख रहा हूँ।" द्रोण ने युधिष्ठिर के हाथ से धनुष ले लिया। एक-एक करके उन्होंने सब राजपुत्रों को दिया, पर पूछने पर, सन्तोषजनक उत्तर कोई न दे सका। अन्त में अर्जुन को तीर देकर द्रोण ने पूछा, "अर्जुन, क्या देखते हो?" अर्जुन ने कहा, "पक्षी की गर्दन।" "छोड़ो तीर" अर्जुन ने बाण मारा। तीर निशाने पर अचूक बैठा। द्रोण ने अर्जुन को बाँहों में भरकर छाती से लगा लिया। एक वार भीष्म के सामने भी परीक्षा ली गयी। उस वार रंगशालाएँ बनी हुई थीं, राजकुमारों को आपस में ही अपनी कुशलता दिखलानी पड़ती थी। उस बार भी अर्जुन ने नामवरी हासिल की।

इस तरह पाण्डवों की प्रतिष्ठा दिन-दूनी रात-चौगुनी बढ़ने लगी। सब प्रजा भी पाण्डवों को चाहती थी। उन्हें ही राजा बनाने की सबकी लालसा थी। भीम भी सत्य और सरलता की ओर आकर्षित थे। यह वात दुर्योधन आदि को खटकती थी। परन्तु दुर्योधन का पक्ष गिरा रहता था। उसे न तो

भीष्म ही हृदय से प्यार करते थे और न आचार्य द्रोण ही हृदय खोलकर शिक्षा देते थे। कभी-कभी वह इस बात की शिकायत अपने पिता के पास भी किया करता था और उनके अन्दर भी द्रोह का जहर भर रहा था। पिता को पुत्र स्वभावत: प्यारा होता है। कभी-कभी वे पुत्र के अभियोगों को उचित और न्यायानुकूल समझने लगते थे। उसकी बातों में आकर कभी-कभी उसे प्रोत्साहन भी दिया करते थे। दुर्योधन के लिए आग में घृताहुति पड़ती थी। उसे स्वेच्छाचार करने का बढ़ावा मिल जाता था।

दुर्योधन की इच्छा की आग भड़कानेवाला उसे एक जबरदस्त सहायक मिल गया। ये कर्ण थे। कर्ण कुन्ती के ही पुत्र थे, परन्तु कुन्ती के सिवा और किसी को यह बात मालूम न थी। केवल भीष्म यह भेद जानते थे। कुन्ती को वर मिला था। वह किसी भी देवता का आह्वान कर सकती थी। परीक्षा के लिए, उसने मन में ही सूर्यदेव को आकर्षित किया। उन्हीं के आशीर्वाद से कर्ण पैदा हुए। कुन्ती उस समय क्वारी थी। वह घबरायी कि लड़का होने की बात लोग जानेंगे तो मुझे व्यभिचारिणी कहेंगे। इस भय से कर्ण को वह नदी के तट पर उनके पैदा होने पर, रख आयी। रथ हाँकनेवाली सारथि की स्त्री कर्ण को नदी के किनारे से उठा लायी और पुत्रवत् कर्ण को पाला-पोसा। कुछ बड़े होकर कर्ण परशुराम के पास अस्त्राभ्यास करने के लिए चले गये। वहाँ से पारंगत होकर लौटे। रंगशाला में जिस दिन अर्जुन की विजय रही, उस दिन कर्ण भी वहाँ मौजूद थे। ये अर्जुन से लड़ना भी चाहते थे। परन्तु द्रोण के यह कहने पर कि राजपुत्र के साथ सूतपुत्र को स्पर्धा का भाव न रखना चाहिए, (उन्हें रुक जाना पड़ा।) इससे कर्ण के हृदय को चोट लगी। परन्तु कर्ण को पाण्डवों के समकक्ष वीर समझकर दुर्योधन उनका आदर करने लगे। उनसे मैत्री कर ली। उन्हें अंगदेश का राजा बना दिया। बराबर आसन पर बैठाने लगा। हर तरह से जाहिर करने लगा कि हम लोगों की तरह कर्ण भी इज्जतदार हैं और राजा हैं। कर्ण भी अर्जुन की तरफ हमेशा नजर रखते थे। वास्तव में कर्ण की वीरता में कोई कसर न थी। एक तो वे भी उसी गुरु के चेले थे, जिससे भीष्म और द्रोण को शिक्षा मिली थी, दूसरे अभी तरुण थे, इसलिए बल-पराक्रम भादों के सोन-नद की तरह बाढ़ पर ही था।

कर्ण कूटनीतिज्ञ थे। दुर्योधन की सहायता ने उन पर शान रख दी। उनकी नीतिमत्ता सहस्रमुखी होकर पाण्डवों की नींव खोदकर बहा देने के विचार में तल्लीन रहने लगी। दुर्योधन की लालसा-लता के लिए वसन्त ऋतु आ गयी। कर्ण के साथ विचार करके उसने निश्चय किया कि लाख का घर बनाकर उसमें पाण्डवों से रहने के लिए कहा जाये। जब ये उसके अन्दर जायें, तब बाहर से उसमें आग लगा दी जाय। बस, इस तरह साँप भी मर जायेगा और लाठी भी न टूटेगी।

भीष्म को दुर्योधन की तरफ से पूरी उदासीनता हो गयी थी। उसकी रग वे परख गये थे। मेल अब कुरुवंश के लिए चाँद का खिलौना है, यह उन्हें निश्चित हो गया था। इसलिए अब किसी पक्ष की तरफ वे ध्यान न देते थे। उनकी उदासीनता धृतराष्ट्र को खटकती थी। उन्हें यह सन्देह था कि भीष्म सबको एक आँख से नहीं देखते। यह भाव दुर्योधन के दर्द की खासी दवा हो गया। 'एक तो तलवार तिस पर दुश्मन के हाथ' वाली कहावत चरितार्थ हो गयी।

जब लाख का मकान बन गया, तब धृतराष्ट्र ने अपने भतीजों को बुलाया और कहा कि, "तुम लोगों ने वारणावत-नगर तो अभी नहीं देखा? हाल ही में बना है। बड़ा अच्छा है, जाओ, देखो, ऐसा सुन्दर नगर कभी न देखा होगा। सब लोगों को साथ ले जाना ही अच्छा होगा।" अपने ताऊ की आज्ञा युधिष्ठिर कब टाल सकते थे। उनको प्रणाम कर, देखने की स्वीकृति देकर वे वहाँ से चले आये।

वारणावत चलने की तैयारी होने लगी। चलने के समय विदुर ने युधिष्ठिर को एक कृत्रिम भाषा में वहाँ का कुल गुप्त भेद बतला दिया। वह भाषा युधिष्ठिर भी जानते थे। युधिष्ठिर को विदुर ने बतला दिया कि बचने का एक ही उपाय है। बीच में एक स्तम्भ लगा हुआ है। उसे उखाड़ डालना। उसके नीचे सुरंग मिलेगी। उसी से होकर बाहर निकल जाना। अस्तु, युधिष्ठिर उस मकान में गये। उनकी परीक्षा लेने के लिए कि वे उस मकान में रहते हैं या नहीं, उनके साथ पुरोचन नाम का एक गुप्तचर कर दिया गया था। रात को उस लाख के भवन में आग लगा दी गयी। देखते-ही-देखते भवन धधकने लगा। उससे गलकर लाख चूने लगी। पाण्डवों के

प्राणों पर संकट आ पड़ा। युधिष्ठिर ने भीम से कहा, "भीम, बीच में यह खम्भा गड़ा है, इसे उखाड़ डालो। भीम उससे भिड़ गये, खम्भे में कुछ बल तो था ही नहीं, वह एक बाहरी दिखावा-भर था, जरा-सा जोर मारते ही उखड़ गया। नीचे राह दिखायी दिया। उसी से पाण्डव निकल भागे। पुरोचन मकान में रह गया था। सुबह को उसकी जली हुई हड्डियाँ मिलीं। उस दिन एक विषादी अपने पाँच पुत्रों के साथ वहाँ आकर रही थी। लाख के गलकर टपकने पर उसके साथ उसके पाँचों पुत्र वहीं स्वाहा हो गये। सुबह को वारणावत नगर के लोग पाण्डवों की तलाश में आये और लाख कुरेदने लगे तो पहले पुरोचन और पीछे से निषादी के साथ उसके पाँचों पुत्र की लाशें मिलीं। लोगों का दिल दहल गया। लोग कलेजा थामकर रह गये। धृतराष्ट्र को सब कोसने लगे। सबको विश्वास हो गया कि यह बूढ़े की ही चाल है। उनके मत्थे कलंक मढ़कर, उनके पुत्रों के बुरे परिणाम पर विचार करते हुए लोग लौट आये।

इधर लाख भवन से निकलकर गंगा पार हो पाण्डव लगातार दक्षिण की ओर बढ़ने लगे। किसी को कभी चलने की आदत तो थी ही नहीं, कुन्ती और चारों भाई बहुत थक गये थे। भीम ही उनमें मजबूत और सारी विपत्तियों को झेलनेवाले तन्दुरुस्त जवान थे। इन्होंने सबको अपने ऊपर चढ़ा लिया और रास्ते का घोर वन पार करने लगे। वहाँ एक राक्षस हिडम्ब नाम का रहता था। उसे मारकर उसकी बहिन के साथ भीम ने विवाह कर लिया। वहाँ से चलते हुए सब लोग एक गाँव में पहुँचे। यहाँ भीम ने बक राक्षस का संहार किया।

यहाँ पाण्डवों को द्रौपदी के स्वयंवर की खबर मिली। भीम और अर्जुन दोनों स्वयंवर देखने गये। देश-विदेश के राजा-महाराजा वहाँ एकत्र थे। दुर्योधन भी कर्ण के साथ आया था। द्रौपदी के विवाह की एक शर्त थी। आकाश मार्ग में एक मछली रखी गयी थी। उसके नीचे एक चक्र अविराम भाव से घूमता था। उसमें एक छेद कर दिया गया था। नीचे जल में उसकी छाया पड़ रही थी। उसी छाया को देखकर लक्ष्य बेधना था। कहा गया कि जो कोई इस लक्ष्य को बेधेंगे, उन्हीं के साथ द्रौपदी का विवाह होगा। जितने राजा थे, एक-एक वार सबने आजमाइश की, पर बहुतों से तो धनुष भी न

उठा। सब राजा जब हार गये, तब ब्राह्मणों के बीच से अर्जुन लक्ष्यबेध करने के लिए उठे। ब्राह्मणों ने शंख-ध्वनि द्वारा उनको प्रोत्साहन दिया। अर्जुन ने बात-की-बात में धनुष उठा लिया। धनुष उठा पाँच शर संयोजित किये। नीचे छाया में लक्ष्य का प्रतिबिम्ब देखकर तीर छोड़ दिये। निशाना ठीक लगा। मछली नीचे आ गयी। चारों ओर जय-जयकार होने लगी। द्रौपदी ने अर्जुन के गले में जयमाला डाल दी। राजा इस पर बहुत बिगड़े। पर कोई अर्जुन का बालबाँका न कर सका। भीम और अर्जुन दोनों ने सब राजाओं को परास्त कर दिया। निस्सहाय पाण्डवों को महाराज द्रुपद की सहायता मिली। इसके बाद माता की आज्ञा से द्रौपदी के साथ विवाह किया गया।

इधर दुर्योधन हस्तिनापुर वापस आया और ब्राह्मणवेशधारी लक्ष्य भेद करनेवाले का पूरा परिचय जानने के लिए व्याकुल हो उठा। अन्त में यही विश्वास किया कि पाण्डव जीवित हैं। कर्ण के साथ उसने कितने ही उपाय सोचे। पाण्डवों के मारने के लिए बड़ा प्रबन्ध किया। धृतराष्ट्र को खूब उभाड़ा। उनके दिल में अच्छी तरह यह बात जमा दी गयी कि पाण्डव अगर जीते रहेंगे, तो हमें हस्तिनापुर में सुख से न रहने देंगे। वे बाहर-बाहर लड़ाई का प्रबन्ध कर रहे हैं। हम लोगों को सावधान हो जाना चाहिए। दुर्योधन की बातों पर धृतराष्ट्र को विश्वास हो गया। उन्होंने कहा कि भीम के रहते पाण्डवों से लोहा लेना बहुत मुश्किल है। भीम अगर पश्चात् भाग की रक्षा करता रहे, तो त्रिलोक भी एकत्र होकर अर्जुन को परास्त नहीं कर सकता।

सलाह के लिए भीष्म भी बुलाये गये। भीष्म ने कहा, "पाण्डवों से बैर करना हमें बिलकुल अनुचित जँच रहा है। मेरे साथ जो सम्बन्ध गान्धारी के पुत्रों का है, वही उनका भी है। धर्मानुसार उन्हें आधा राज्य बाँट देना ही ठीक है। जिस तरह दुर्योधन सोचता है कि यह मेरे पिता का राज्य है, उसी तरह पाण्डव भी सोचते होंगे। इसलिए मित्र भाव से भाई को उसका हिस्सा दे देना हर तरह से उचित होगा। हमें विश्वस्त सूत्र से मालूम हुआ है, लाख भवन में पाण्डवों के जल जाने की खबर फैलने के साथ ही तुम्हारी अख्याति भी फैली थी। लोग तुम्हीं को दोषी बतलाते थे और यह निश्चय समझो कि पाण्डव अगर बचे रहेंगे तो इन्द्र भी सहायता करके तुम्हारी रक्षा

न कर सकेंगे। वे अपने पिता का राज्य अवश्य ले लेंगे। इसलिए अगर अपनी भलाई चाहते हो तो पाण्डवों को आधा राज्य जरूर दे दो। द्रोण की भी यही राय है।"

पंचम परिच्छेद

कौरवों का षड्यन्त्र

पाण्डवों को आधा राज्य मिल गया। पाण्डवों ने अपनी राजधानी इन्द्रप्रस्थ में कायम की। इन्द्रप्रस्थ हस्तिनापुर के पास ही है।

तब से कुछ काल शान्तिपूर्वक बीता। कृष्ण से पाण्डवों की गहरी दोस्ती थी। वे अक्सर पाण्डवों से मिलने आया करते थे। एक तो मजबूत रिश्ता था—कृष्ण पाण्डवों के ममेरे भाई थे, दूसरे इधर, अर्जुन के साथ श्रीकृष्ण की बहिन सुभद्रा का विवाह भी हो गया। इससे रिश्ता और भी गाढ़ा हो गया। इसके अलावा श्रीकृष्ण धर्मराज्य की स्थापना चाहते थे। वे अपने समय के भारतवर्ष में सर्वश्रेष्ठ मनुष्य थे। क्षत्रिय और ब्राह्मण सब लोग उनकी इज्जत करते थे। ये भारत में धर्मराज्य की स्थापना चाहते थे। उस समय क्षत्रिय समाज बहुत ही गिरा हुआ था। इसके उद्धार के लिए कृष्ण ने बड़ा प्रयत्न किया। भारतवर्ष को सुधरी हुई दशा में देखने के लिए उन्होंने बड़ा परिश्रम किया। और उनकी उद्देश्य-सिद्धि के लिए एकमात्र पाण्डव ही उनके साधन थे।

महाराज युधिष्ठिर के दिल में आया कि हो न हो राजसूय-यज्ञ का अनुष्ठान किया जाय। उन्होंने कृष्ण से सलाह ली। कृष्ण तैयार हो गये। उन्हें इस उपाय से एक दूसरी सिद्धि करनी थी। मारे आनन्द के वे फूले अंग न समाये। दिल का पुराना हौसला पूरा होता दिखायी दिया। इस राजसूय के सूत्र से विक्षिप्त क्षत्रिय-शक्ति को एक धागे में बाँधने का उन्हें अवसर

मिला।

जोरों से राजसूय की तैयारियाँ होने लगीं। भारत के चारों ओर पाण्डवों की विजयपताका फहराने लगी। देश-विदेश के राजा निमन्त्रित होकर इन्द्रप्रस्थ आये। जरासन्ध आदि जितने आसुरी प्रकृति के राजा-महाराजा थे, भीम और अर्जुन की सहायता से कृष्ण ने सबको काल-कवलित कर दिया। दो-एक राजाओं के मारे जाने पर दूसरों ने घबराकर पाण्डवों की श्रेष्ठता स्वीकार कर ली और प्रचुर धन-रत्न देकर उन्हें विदा किया और सभा में हाजिर होने का पक्का वादा भी किया। देश-देशान्तरों से पाण्डव इतना धन बटोर लाये थे कि सोने-चाँदी का पहाड़ लग गया। सभा भवन और उद्यान आदि की रचना का भार मय दानव को सौंपा गया। उस समय वह भारतवर्ष का सर्वश्रेष्ठ कारीगर था।

राजसूय से पाण्डव की धाक जम गयी। भारत के सब राजाओं पर उनका आतंक छा गया। दुर्योधन पर तो इतना प्रभाव पड़ा कि यज्ञ की चिन्ता के मारे रात को उसकी आँख भी न लगने लगी। पाण्डवों की दौलत उसके लिए आँखों की किरकिरी हो गयी। उसे हड़प लेने के लिए दिन-रात जी मचलने लगा। परन्तु कोई उपाय न सूझता था। राजसूय यज्ञ में दुर्योधन को भी न्यौता गया था। मय दानव की विचित्र रचना देखकर उसके छक्के छूट गये। एक जगह तो उसकी समझ में न आया कि यह जल है या स्थल। एक जगह स्थल को जल समझकर धोती सिकोड़ने लगा था। यह देखकर भीम कहीं हँस पड़े थे। इससे वह भी जल गया। बदला चुकाने के लिए दिन-रात जी खौलने लगा। पाण्डवों की बढ़ी हुई प्रभुता उसके लिए शूल हो गयी।

राजसूय की सभा लग रही थी। सब राजा एकत्र थे। भीष्म भी थे। प्रश्न उठा कि सबसे पहले किसको अर्घ्य दिया जाय। भीष्म ने कहा, "इस समय कृष्ण सर्वश्रेष्ठ पुरुष हैं, उन्हीं का सम्मान सबसे पहले होना चाहिए।" महाराज युधिष्ठिर ने भीष्म की आज्ञा के अनुसार कृष्ण को अर्घ्य देना आरम्भ किया, तो शिशुपाल बहुत बिगड़ा। बड़ी उल्टी-सीधी उसने श्रीकृष्ण को सुनायी। श्रीकृष्ण उसकी सौ गालियाँ तक सहते गये। उसकी माता ने श्रीकृष्ण से प्रार्थना की थी कि मेरे पुत्र के शत अपराध क्षमा करना।

गाली का नम्बर एक सौ एक पर पहुँचा नहीं कि सुदर्शन चक्र से शिशुपाल के दो खण्ड हो गये। बस शिशुपाल के दल के जो दो-एक राजा थे वे भी, दब गये। फिर श्रीकृष्ण के विरोध में कोई आवाज नहीं उठी। यज्ञ भी सकुशल समाप्त हो गया। राजा लोग अपनी-अपनी राजधानियों में लौट गये।

इधर दुर्योधन के दिल की दिल में ही रह गयी। कसक मिटाने का उसे कोई उपाय न सूझता था। उधर राजसूय में मामा शकुनि भी आये थे। ये बड़े पक्के जुआड़ी थे। दुर्योधन ने इनकी खातिर की। दुर्योधन को उपकार का बदला देना इन्होंने अपना धर्म समझा। अस्तु, दुर्योधन से मिलकर कुछ देर तक बातचीत करने पर इनको मालूम हो गया कि दुर्योधन पाण्डवों की प्रभुता पर जल रहा है। शकुनि ने उसके दर्द की खासी दवा की। दुर्योधन को जब मालूम हो गया कि पाण्डवों को नेस्तनाबूद कर देने के लिए अकेले मामा काफी हैं, तब वह एक तरह से शकुनि का गुलाम बन गया, उनके हाथ की कठपुतली हो गया।

मामा साहब ने फरमाया कि सुनो—लड़ना-भिड़ना मेरा काम नहीं। इसके लिए तो किसी शूरवीर की शरण लो। मैं तुम्हें एक बात से मदद करूँगा। मैं जुआड़ी पक्का हूँ। मेरे हाथ से बाजी मार ले जाय ऐसा विरला ही मनुष्य संसार में होगा। युधिष्ठिर को भी जुआ खेलने का शौक है। पर वह सीधे तौर पर खेलता है। निरा कुन्द जेहन है। पासा फेंकने का शऊर भी नहीं है। वह अगर मेरे साथ जुआ खेले तो मैं निःसन्देह उसे खेल में हरा दूंगा। इस तरह उसकी कुल दौलत तुम्हारे हाथ लग जायेगी। तुम्हारी यह चिन्ता भी दूर हो जायगी।

मामा का उपदेश दुर्योधन के चित्त पर चढ़ गया। एक दिन जुआ खेलने के लिए स्थिर करके दुर्योधन ने युधिष्ठिर को न्योता दिया। युधिष्ठिर आये। खेल शुरू हो गया पर जुए में धर्म कहाँ रहता है, धर्मराज धर्म के नाम पर पासा फेंकते थे और शकुनि टट्टी की ओट से शिकार खेलता था। फल यह हुआ कि युधिष्ठिर अपना सर्वस्व हार गये। भाइयों और द्रौपदी को भी हार गये। एक शर्त थी कि जुए में जो कोई हारे वह बारह वर्ष के लिए वनवास और एक वर्ष का अज्ञातवास करे। इस समय यदि किसी

तरह पता लग जाय तो फिर बारह वर्ष तक वनवास और एक वर्ष का अज्ञातवास पूरा करे। इस शर्त पर युधिष्ठिर को धोखा दिया गया। चालबाजी की विजय हुई। पाण्डवों को राज्य छोड़कर द्रौपदी के साथ उनके लांछन और अपमान को मौन गम्भीरता से बर्दाश्त करके, बदले की आशा पर साँस लेते हुए, राज्य से वनवास के लिए निकल जाना पड़ा।

षष्ठ परिच्छेद

दुर्योधन का हठ

बड़े कष्ट से तरह-तरह की विपत्तियाँ झेलकर, ईश्वर की इच्छा से पाण्डवों ने बारह वर्ष का वनवास और एक साल का अज्ञातवास पूरा कर लिया। अज्ञातवास इन लोगों ने विराटपुर में पूरा किया था। वहाँ एक घटना ऐसी हो गयी कि उससे कौरवों को पाण्डवों के रहने के सम्बन्ध में शंका हुई। विराट राजा अपने साले के प्रभाव पर राज्य करते थे। वह कीचक था। वीरों में उसकी शूरता की बड़ी धाक थी। वह द्रौपदी पर मोहित हो गया। द्रौपदी विराट की रानी की दासी होकर रहती थी। द्रौपदी ने कीचक को बहुत समझाया, भय भी दिखाया कि पाँच गन्धर्व मेरे स्वामी हैं, अगर तुम मुझे बुरी निगाहों से देखोगे तो वे तुम्हें मार डालेंगे। कीचक ने उसकी एक न सुनी। द्रौपदी बहुत घबरायी। विराट की शक्ति न थी कि वे उसे कीचक के पंजे से छुड़ा लेते। वे खुद उससे डरते थे। द्रौपदी युधिष्ठिर, अर्जुन, नकुल और सहदेव के पास गयी। ये उस समय अपना नाम बदलकर विराट के यहाँ नौकरी करते थे। इनमें से किसी ने द्रौपदी की पुकार पर ध्यान न दिया। सबको डर था कि कहीं दुर्योधन को पता लग गया तो 13 वर्ष और मुसीबत झेलनी पड़ेगी। सबने द्रौपदी को समझाया। पर कोई उपाय न था। कीचक रोज उसे सताता था। अन्त में वह भीम के पास गयी। भीम उसकी

रक्षा करने के लिए तैयार हो गये। बड़े भाई की आज्ञा की भी उन्होंने अपनी इज्जत के सामने बिलकुल परवाह न की। वनवास के लिए भी उन्हें चिन्ता न हुई। वे कीचक के पास जनाना वेश में, द्रौपदी का बहाना करके गये और उसका संहार किया। खबर जब दुर्योधन को मिली कि कीचक मारा गया तब उसे पाण्डवों के विराटपुर रहने का सन्देह हुआ। उसने विराट नगर पर चढ़ाई की। उसे घेर लिया। अर्जुन और भीम ने भी उसकी सेना से लड़कर विराट की गौवें छुड़ा लीं। सबको मालूम तो हो गया, पर तब तक पाण्डवों के अज्ञातवास के दिन भी पूरे हो चुके थे। इसलिए दुर्योधन की आशा अधूरी रह गयी। उधर विराट को जब पाण्डवों के अज्ञातवास का हाल मिला, पाण्डवों से परिचय हुआ तो मित्रता का भाव और बढ़ गया। अन्त में मित्रता रिश्तेदारी में दाखिल हो गयी। विराट की लड़की उत्तरा के साथ अर्जुन के पुत्र अभिमन्यु का विवाह हो गया।

पाण्डवों की विपत्ति के दिन इस तरह से पूरे हो गये। वे अपने नष्ट राज्य का फिर से उद्धार करने की फिक्र में लगे। युद्ध की तैयारियाँ होने लगीं। कृष्ण से युधिष्ठिर ने राय ली कि अब हम लोगों को क्या करना चाहिए। धर्मानुसार कृष्ण ने पहले पाण्डवों को सुलह कर लेने का उपदेश दिया। पाण्डव राजी हो गये। परन्तु सुलह में कोई शर्त भी होती है। वह शर्त श्रीकृष्ण के विचारों पर रख दी गयी। तय हुआ कि पहले किसी को भेजकर दुर्योधन के अभिप्राय का पता लेना चाहिए। इसी फैसले के अनुसार कार्यारम्भ किया गया।

पहले पांचाल महाराज के पुरोहित को भेजना उचित समझा गया। वे गये, भीष्म-द्रोण ने उनका यथोचित आदर किया। सभा में दूसरे-दूसरे राजाओं-महाराजाओं और नीतिज्ञों के सामने उन्होंने पाण्डवों की अभिलाषा जाहिर की। उन्होंने कहा, "आप लोग सनातन धर्म की मर्यादा के रक्षक और मर्मज्ञ हैं। मैं आप लोगों को पाण्डवों की राज सम्बन्धी इच्छा सूचित करता हूँ। आप लोगों को विदित है कि धृतराष्ट्र और पाण्डु इन दोनों भाइयों को राज्य का बराबर हक है। परन्तु पाण्डवों को उनका पैत्रिक राज्य नहीं दिया गया। आप लोगों को यह भी मालूम है कि धृतराष्ट्र ने उनका बहुत-सा हक पहले ही से दबा रखा है। उनके लड़कों ने पाण्डवों के प्राण

लेने में कोई कसर नहीं रख छोड़ी। भीम को जहर दिया गया, लाख-भवन में बेचारों को जीते ही जला देने की चेष्टा की गयी, शकुनि की सहायता से जुए में उनके साथ बेईमानी की गयी, उनकी धर्मपत्नी की आबरू तक उतारने के लिए दुर्योधन वगैरह तुल गये, वन में उन्हें लांछित करने के अभिप्राय से भेजा गया, विराट नगर में जहाँ नौकर की हैसियत से, पिंजड़े के शेर की तरह महादुःख से उन्हें दिन गुजारने पड़े थे, चढ़ाई करके उनका पीछा किया गया। पग-पग पर उन्हें बेइज्जती और अपमान सहते आना पड़ा है। अब वे चाहते हैं कि उनका हक उनको दे दिया जाय। वे शान्ति से काम लेना चाहते हैं। आपस में बैर करना उन्हें पसन्द नहीं है। वे हर तरह से पराक्रमी हैं, लोहा लें तो आसानी से अपना राज्य ले सकेंगे। भीम का पराक्रम आप लोगों को मालूम है। नकुल, सहदेव को आप अच्छी तरह जानते हैं कि लड़ाई में कभी पीठ नहीं फेरते। सात्यकि, धृष्टद्युम्न की शूरता भी आप सुन चुके होंगे। उनके साथ सात अक्षौहिणी सेना लड़ने के लिए तैयार है, जिनमें एक-एक महारथी ऐसे हैं जो अकेले आपकी ग्यारह अक्षौहिणी सेना को परास्त कर सकते हैं। महावीर अर्जुन की कीर्ति छिपी हुई नहीं है। अस्तु, वे प्रार्थना करते हैं कि उनका प्राप्यः हक शान्तिपूर्वक उन्हें दे दिया जाय। बैर का फल बड़ा कटु होगा।"

पुरोहित अपना सन्देश सुनाकर चुप हो रहे। सभा में कुछ काल के लिए सन्नाटा छा गया। कुछ लोग नत-नेत्रों से विचार करने लगे। कुछ ने एक-दूसरे के कानों में बतलाना शुरू कर दिया। उस सभा में भीष्म भी थे। पुरोहित की उचित बातों की उन्होंने प्रशंसा की। कहा, "आप सत्य कहते हैं। धर्मबल से पाण्डवों ने अपने सम्पूर्ण कष्ट झेल लिये। आपका यह आज्ञा करना भी बहुत सच है कि अर्जुन का सामना करनेवाला संसार में इस समय कोई नहीं है। मनुष्यों की तो बात ही क्या, साक्षात इन्द्र भी उनका सामना नहीं कर सकते। उनसे बैर करना हरगिज अच्छा न होगा। उनका हक उनको दे देना ही ठीक है।"

भीष्म की बातें कर्ण न सह सके। उनकी नसों में बिजली-सी दौड़ने लगी, खून खौल उठा। कहा, "ब्रह्मन्, सुनिए, अधर्माचरण यहाँ पाण्डव खुद कर रहे हैं। महाराज दुर्योधन ने अधर्म को आश्रय नहीं दिया। युधिष्ठिर

के बिना इच्छा के कभी द्यूतक्रीड़ा नहीं हुई। जुए की शर्त के अनुसार युधिष्ठिर अपना राज्य हार चुके हैं। क्या पाशे में धर्म नहीं था ? जबरन उनसे राज्य छीन लिया गया है ? वे वनवास के लिए गये तो क्या किसी ने उन्हें दिया था ? आखिर शर्त पर ही तो हारे थे ? उसी तरह राज्य शर्त पर हारे। अब क्यों उसके लिए हाथ फैलाते हैं ? क्या यह धर्म है ? धर्म की डींग हाँककर यह सरासर अन्याय किया जा रहा है और महाराज दुर्योधन पर अपने बल का सिक्का जमाया जा रहा है। जिसकी लाठी, उसकी भैंस, इसे ही कहते हैं। लेकिन इस तरह रोब गाँठने से काम न होगा। महाराज दुर्योधन भी ऐसे डरपोक नहीं हैं, कि आँख दिखाने से राज्य छोड़ दें, न ये अपने को उनसे किसी तरह कमजोर समझते हैं। पाण्डव जितना बनते हैं, महाराज दुर्योधन वास्तव में उनसे कहीं बढ़े-चढ़े उदार हैं। वे अगर कृपा करने के लिए कहें, दीनतापूर्वक हाथ जोड़कर माँगें, तो महाराज दुर्योधन अपना सर्वस्व तक उनको दे सकते हैं। परन्तु स्मरण रहे, आँख दिखाने से वे एक फूटी कौड़ी भी न देंगे।"

कर्ण की आवेश में कही गयी तमाम बातों को सुनकर भीष्म ने कहा, "कर्ण, तुम्हारी बातों से अहंकार टपकता है। तुम न्यायपूर्वक वार्तालाप नहीं कर रहे हो। तुम अपने पक्ष को बहुत बली सिद्ध करना चाहते हो। पाण्डवों को कहते हो कि आँखें दिखाकर राज्य लेना चाहते हैं। यह अहंकार नहीं तो क्या है ? क्या अकेले अर्जुन ने छः महारथियों को विराटपुर में परास्त नहीं किया था ? क्या उस समय तुम न थे ? क्या पाण्डवों के बल की थाह उस समय तुमको नहीं मिली ? क्यों, अकारण उत्तेजना फैलानेवाली बातों पर इस तरह बहक रहे हो ? ब्राह्मण ने जैसा कहा है, अगर उसी के अनुसार हम लोग कार्य न करेंगे, तो इसका परिणाम बहुत बुरा होगा, इसमें कोई सन्देह नहीं है।"

सन्धि के प्रस्ताव पर कई दिनों तक बहस होती रही। परन्तु कुछ फैसला न हुआ कि क्या किया जाय ! भीष्म और द्रोण आदि कौरवों के सच्चे हितैषियों की तो शान्ति स्थापना की ही इच्छा थी, परन्तु कर्ण और दुर्योधन आदि का इस ओर ज़रा भी रुख न था। वे बिना लड़ाई के एक बिस्वा जमीन भी नहीं देना चाहते थे। कई रोज तक सभाएँ हुईं, रोज इस प्रश्न पर

तर्क और वाद-विवाद होते रहे। एक दिन धृतराष्ट्र के दरबार में कर्ण ने कहा, "महाराज, यह तो आपको मालूम ही हो चुका है कि न्यायानुसार पाण्डवों का कोई हक नहीं रहा। जिस राज्य के लिए वे इस समय त्योरियाँ बदल रहे हैं, उसे क्या वे दाँव पर रख नहीं चुके? रही पाण्डवों से डरकर उन्हें जीता हुआ हिस्सा देना, सो इसके लिए मैं आपसे एक निवेदन करना चाहता हूँ। भीष्म और द्रोण को जिस महापुरुष ने अस्त्र-शिक्षा दी है, वही मेरे भी आचार्य हैं। वे ब्राह्मणों के सिवा दूसरे को धनुर्विद्या नहीं सिखलाते थे। मुझे उन्हीं से शिक्षा प्राप्त करनी थी। उनके जाति-सम्बन्धी प्रश्न का मैंने झूठा उत्तर दिया। इस तरह उनसे धनुर्विद्या सीखी है। शिक्षा पूरी हो जाने पर उन्हें मेरी जाति का पता लग गया। उन्होंने मुझे शाप दिया। परन्तु मेरी सेवा पर सन्तुष्ट हो मुझे वरदान भी यथेष्ट दिया। उन्होंने मुझे कुछ ऐसे अस्त्र दिये हैं, जिनका प्रयोग मैं करूँगा तो अर्जुन किसी तरह न बच सकेगा। अतः पाण्डवों का भय दूर कर दीजिए।"

कर्ण की आत्म-प्रशंसा से भरी इस तरह की बातें सुनकर महावीर पितामह भीष्म से न रहा गया। उन्होंने कहा, "कर्ण, वीरों को चाहिए कि दूसरे वीर की कद्र करे। तुम रथी हो, परन्तु अर्जुन महारथी है। उसका मुकाबला तुम कदापि न कर सकोगे। खाण्डव वन को अकेले अर्जुन ने दग्ध करा दिया। तेतीस करोड़ देवता उसका कुछ नहीं बिगाड़ सके। दूसरे अर्जुन के साथ भगवान् वासुदेव हैं। तुम्हें जो शक्ति मिली है, तुम वासुदेव के चक्कर में पड़ोगे तो वह निस्सार हो जायेगी। वह तुम्हें कोई काम न दे सकेगी। अर्जुन के दिव्य बाणों की तुम्हें खबर नहीं है। अपने बाणों से और वासुदेव की सहायता से अर्जुन संसार-भर के बाणों का सामना कर सकता है।"

अर्जुन की प्रशंसा सुनकर कर्ण की देह में आग लग गयी। क्रोध का पारा अपनी अन्तिम सीमा तक पहुँच गया। कर्ण झुंझलाकर उठे और कहा, "महात्मा भीष्म, वासुदेव के लिए आपने जो कुछ कहा है, मैं विनयपूर्वक स्वीकार करता हूँ। परन्तु अपने सम्बन्ध में मैंने जो कुछ कहा है, उसमें ज़रा भी अत्युक्ति नहीं थी। इस सभा में आज से मैं धनुष रक्खे देता हूँ। अब मैं भीष्म के जीवित रहने तक धनुष न उठाऊँगा। इनके बाद ही मैं वीरों को अपनी योग्यता का परिचय देना चाहता हूँ।"

यह कहकर महावीर कर्ण कौरवों की सभा से उठकर चले गये। भीष्म मुस्कुराये। दुर्योधन से स्नेहपूर्वक कहा, "राजन्, यह प्रतिज्ञा तो तुमने सुन ली। मेरा निधन जब तक न हो जायेगा, तब तक कर्ण धनुर्धारण न करेंगे। अच्छा है। जब मैं न रहूँगा, तब कर्ण की वीरता का पता लगाना। परन्तु अगर तुम युद्ध करना ही मंजूर करोगे तो सुनो, मेरे रहते कोई तुम्हारी छाया भी स्पर्श न कर सकेगा और मैं द्रोण, विदुर, अवन्तिकाधिप, चेदिराज, जयद्रथ आदि के सामने प्रतिज्ञा करता हूँ कि अगर तुम युद्ध करना ही मंजूर करोगे, तो मैं जब तक संग्राम करूँगा, हर रोज अकेले दस हजार सेना का विध्वंस करूँगा।

सप्तम परिच्छेद

भीष्म की सत्यनिष्ठा

पाण्डव और कौरवों में शान्ति स्थापना के उद्देश्य से इस बार भगवान् वासुदेव कौरवों की सभा में गये। भीष्म ने उनका आदरपूर्वक स्वागत किया। श्रीकृष्ण ने दुर्योधन को वैर का परिणाम अच्छी तरह समझाया। भाई का हक भाई को दे देना चाहिए, इस पर अनेक प्रकार के तर्क और युक्तियाँ दर्शायीं। कुछ फटकारा भी। कहा, "अगर सन्धि के प्रस्ताव में तुम राजी न होगे; तो लोग कहेंगे कि तुमने नीचता की। ऐसा कार्य नीच जनोचित हुआ करता है। तुम्हें अपयश होगा। अगर तुम अपने हठ पर अड़े रहोगे, तो क्षत्रिय वंश का लोप हो जायगा। विधवाओं के हाहाकार से देश की श्री जाती रहेगी, घोर अनाचारों को प्रोत्साहन मिलेगा। शक्ति से रहित होकर देश स्वधर्म रक्षा से विमुख होगा। अगर पाण्डवों से तुम्हारी मैत्री हो जायगी, तो तुम्हारे संसर्ग-दोष मिट जायेंगे। अभी तुम अपने-आपको धोखा दे रहे हो। तुम चाहते हो कि कर्ण, शकुनि और दुःशासन तुम्हारे राज्य का प्रबन्ध करें

और तुम सुख के स्वप्न में मग्न रहो। यही तुम्हारी आत्मा को पतित कर रहा है। दूसरे जिनका तुम्हें भरोसा है, वे पाण्डवों के सामने ठहर न सकेंगे। केवल इतना ही नहीं, तुम्हारी सम्पूर्ण सेना क्रुद्ध भीमसेन की ओर आँख उठाकर ताक भी न सकेगी। तुम्हारी सम्पूर्ण सेना और द्रोण, कर्ण, कृपाचार्य, अश्वत्थामा, भूरिश्रवा, सोमदत्त और जयद्रथ आदि अर्जुन के सामने फूंक से उड़ जानेवाले तिनके हैं। सुरासुर भी अर्जुन के विरुद्ध अस्त्र धारण नहीं कर सकते।

श्रीकृष्ण की बातें समाप्त हो जाने पर भीष्म ने दुर्योधन को समझाया कि पाण्डवों को आधा राज्य दे देना चाहिए। द्रोण और कृपाचार्य ने भी भीष्म की बातों को दुहराया। पर दुर्योधन टस से मस न हुआ। श्रीकृष्ण की अप्रिय बातों से कौरव नरेश महाराज दुर्योधन की देह में आग लग गयी। शब्दों से उसकी ज्वाला निकलने लगी। कहा, "केशव, हम लोग आपकी इज्जत करते हैं। आपकी कभी भी शिकायत नहीं करते। लेकिन आप तो ऐसी बातें कहते हैं जैसे पाण्डवों ही में से एक हों। क्या यही आपकी समदर्शिता है? आप पहले हमें समझाइए कि युधिष्ठिर जब जुए में राज्य हार गये, तब फिर उनका क्या हक रह गया जो वारम्वार उसके लिए पैगाम आ रहा है। जब युधिष्ठिर जुए में हारे थे, तब क्या कोईऔर युधिष्ठिर थे? आप पाण्डवों के बाहुबल की तारीफ करते हैं, लेकिन आपको मालूम होगा कि अकेले पितामह भीष्म पाण्डवों की धज्जियाँ उड़ाने के लिए काफी हैं। द्रोण और कर्ण के मुकाबले में क्या कोई पाण्डव ज़रा भी ठहर सकता है? राज्य का लोभ वे छोड़ दें। राज्य मेरे पिता का है। पहले जो आधा राज्य हमने बाँट दिया था, हमारी अज्ञता के कारण वैसा हो गया था। हम बालक थे। हमें बुद्धि नहीं थी। अब हम अपने पिता के राज्य का एक टुकड़ा भी न देंगे।" यह कहकर क्रोध के मारे दुर्योधन सभा से उठकर चला आया। श्रीकृष्ण का अपमान भीष्म से सहा न गया। उन्होंने दुर्योधन को बेतरह फटकारा। धृतराष्ट्र से दुर्योधन की धृष्टता का समाचार कहा। गान्धारी को बुलाकर दुर्योधन को दण्ड देने की धृतराष्ट्र ने आज्ञा दी। इससे दुर्योधन लज्जित हो गया। उसने अपने मित्रों को बुलाकर परामर्श किया कि कृष्ण को कैद कर लिया जाय। अगर कृष्ण को हम लोग यहाँ बाँध लेंगे, तो

पाण्डव मणि-विहीन सर्प की तरह निस्तेज हो जायेंगे। इसलिए राजा धृतराष्ट्र भी चाहे बकते रहें, पर हम लोग कृष्ण को जरूर कैद करें।

दैवयोग से दुर्योधन का अभिप्राय सात्यकि को मालूम हो गया। उसने कृतवर्मा को अपनी सेना सुसज्जित करने की आज्ञा दी और खुद श्रीकृष्ण को खबर देने के लिए चला।

सभा में खलबली मच गयी। भीष्म, द्रोण, धृतराष्ट्र सबको दुर्योधन की नीचता मालूम हो गयी। श्रीकृष्ण मुस्कुराने लगे। विदुर श्रीकृष्ण की अतीत कीर्ति का गुण-गान करने लगे। धृतराष्ट्र को इच्छा हुई कि श्रीकृष्ण के विराट रूप का दर्शन करें। श्रीकृष्ण ने उन्हें दिव्य दृष्टि देकर उनकी लालसा पूरी की—और सभा से निकलकर विदुर के यहाँ आश्रय लिया। फिर दुर्योधन के यहाँ जल ग्रहण भी नहीं किया।

श्रीकृष्ण लौट आये। निश्चय हुआ कि अब युद्ध अनिवार्य है। दोनों ओर तैयारियाँ होने लगीं।

दुर्योधन ने भीष्म को सेनापति बनाया। उसे दृढ़ विश्वास था कि पितामह के सामने संसार की कोई शक्ति नहीं खड़ी रह सकती। उनका अमित विक्रम संसार प्रसिद्ध है। भीष्म और द्रोण दोनों यदि धनुर्धारण करेंगे, तो पाण्डवों की फिर एक न चलेगी। दुर्योधन ने भीष्म से कहा, "पितामह, मुझे दोनों पक्ष के रथियों और महारथियों के नाम लेकर बतलाइए, कौन रथी है, कौन महारथी।"

भीष्म बोले, "दुर्योधन, दोनों दलों में हजारों की संख्या में रथी और महारथी मौजूद हैं। तुम सौ भाई रथी हो। तुम सेना के अग्रभाग में रहना। तुम्हारे वीर भाइयों को पांचालों के साथ लड़ना है। मुझे विश्वास है कि ये उन्हें मारेंगे। मैं तुम्हारे सेनापति का पद ग्रहण करता हूँ। पाण्डवों को मैं युद्ध में कुछ नहीं समझता हूँ। भोजराज कृतवर्मा महारथी हैं। अपने सगे भानजों का साथ छोड़कर ये तुम्हारी मदद करने के लिए आये हैं। वासुदेव से ये सदा स्पर्धाभाव रखते हैं। निस्सन्देह ये शत्रुओं की बहुत बड़ी क्षति करेंगे। तुम्हारे मित्र भूरिश्रवा और सोमदत्त भी महारथी हैं। ये भूखे शेर की तरह तुम्हारी शत्रु-सेना पर टूट पड़ेंगे। इनसे हमें बहुत आशा है। सिन्धु-

राज जयद्रथ दो रथियों के बराबर हैं। द्रौपदी का हरण कर पाण्डवों द्वारा इनका अपमान होने पर इन्होंने जंगल में शिवजी की कठोर तपस्या की थी। इन्हें वर मिला है। अब इनके लिए बदला लेने का उपयुक्त समय आ गया है। अपने शत्रु का भाव स्मरण करके ये पाण्डवों को पूरी क्षति पहुँचावेंगे। कांबोज देश के एकरथ सुदक्षिण भी तुम्हें काफी मदद देंगे। उनका पराक्रम युद्ध-क्षेत्र में प्रत्यक्ष करना। वे अस्त्र-विद्या में बड़े कुशल हैं। माहिष्मती के महाराज नील रथी हैं। सहदेव से इनकी शत्रुता है। अवन्तिदेश के विन्द और अनुविन्द भी बड़े वीर हैं। त्रिगर्त के पाँचों भाइयों में सत्यरथ प्रधान हैं। भीम और अर्जुन के दिग्विजय का बदला लेने के लिए इनके अंग फड़क रहे हैं। तुम्हारे पुत्र कुमार लक्ष्मण और दुःशासन के पुत्र का नाम रथियों में लिया जाता है। इनसे तुम्हारे कितने ही कार्य पूरे होंगे। तुम्हारे मामा शकुनि रथी हैं। ये भी युद्ध-क्षेत्र में आग भड़कावेंगे।

"सबसे तारीफ की बात यह है कि इनकी सेना बड़ी तेज चलनेवाली है। मोच पर डटकर वह फिर पीछे नहीं हटती। लड़ाई में इनसे विजय की आशा आकाश-कुसुम-तुल्य है। अश्वत्थामा तुम्हारे दल में अद्वितीय धनुर्धर हैं। इनके वाणों की गति कभी रुक नहीं सकती। ये अर्जुन के समान योद्धा हैं। ये चाहें तो तीनों लोकों को दग्ध कर सकते हैं। इतने बड़े वीर होने पर भी इनमें एक बहुत बड़ा दोष है। इन्हें अपने प्राणों की बड़ी ममता है। इसलिए कभी उत्साहपूर्वक ये लड़ते नहीं। इसलिए मैं इन्हें रथी या महारथियों की श्रेणी में नहीं रखना चाहता। अगर यह दोष इनमें न रहता तो दोनों दलों में इनका मुकाबला करनेवाला कोई न था। इनकी शक्ति की थाह नहीं है। ये अकेले सुरासुर को भी परास्त कर सकते हैं। महावीर द्रोण अतिरथ हैं। ये सबके आचार्य हैं। वृद्ध होने पर भी इनके समान वीर दूसरा नहीं है। इनसे तुम्हारे शत्रुओं का नाश होगा। परन्तु धनंजय इनके प्रिय शिष्य हैं। इसलिए वीर शिष्य के गुणों का स्मरण करके ये कभी उसका नाश न कर सकेंगे। ये चाहें तो अकेले संसार का नाश कर सकते हैं।

"पौरव रथी हैं। ये पांचालों से बदला लेंगे। सत्यश्रवा एकरथ हैं। कर्णपुत्र वृषसेन महारथ हैं। ये तुम्हें बड़ी मदद देंगे। महावीर वाह्लीक महारथ हैं। ये कभी पीठ नहीं देते। युद्ध-क्षेत्र में ये साक्षात कृतान्त की मूर्ति

धारण कर लेते हैं। राक्षस फलम्बुस महारथ हैं। पाण्डवों के साथ लड़ाई करने के लिए दिन-रात तुम्हें उभाड़ते रहनेवाले कर्ण जितनी बड़ी-बड़ी बातें मारते हैं, उस तरह वे कार्य नहीं कर सकते। ये दूसरों का भला नहीं देख सकते। इनकी प्रकृति नीच है। मेरे विचार से ये अर्द्धरथ हैं। जितनी लड़ाइयाँ हुईं, ये सबमें भागे। अर्जुन के साथ सामना होगा तो ये हरगिज जीवित न लौटेंगे।"

भीष्म की बातों में कोई पक्षपात न था। उन्हें पक्षपात की परवा न थी। वे धुरन्धर ज्ञानी और तीनों लोक में अजेय थे। कर्ण के सम्बन्ध में उन्होंने ईर्ष्यावश होकर कर्ण की निन्दा न की थी। आचार्य द्रोण ने भी पितामह के विचार पर अपनी सम्मति दी। वे भी कर्ण को अर्द्धरथ से ज्यादा मानने को तैयार न थे। परन्तु कर्ण से न सहा गया। वे उसी समय भीष्म का विरोध करने लगे। दुर्योधन को समझाया कि पितामह पक्षपात कर रहे हैं। इनसे तुम्हें किसी प्रकार की आशा न रखनी चाहिए। जो मनुष्य अधिक वृद्ध हो जाता है, उसकी अक्ल मारी जाती है। मैं अकेले पाण्डवों का संहार करूँगा। परन्तु भीष्म के जीते-जी मैं धनुर्ग्रहण न करूँगा।

भीष्म ने कहा, "कर्ण, तुम निरे बच्चे की तरह बातें कर रहे हो। मैं जानता हूँ, लड़ाई से पहले सेना का सम्पूर्ण भार मेरे सिर पर रक्खा जायगा। तुम मुझे नहीं पहचानते। मैं कभी पक्षपात नहीं करता। मेरे सेनापतित्व में जो लड़ाई होगी, उसे याद रखना। मैं किसी का पक्ष हरगिज न लूँगा। लड़ने और धनुर्धारण करने का मौका भी मैं तुम्हें दूँगा। उस समय समर-कौशल का अन्दाजा लगा लेना। मैं युद्ध में अपना पूरा बल न लगाऊँगा। क्योंकि तुम्हारी युद्ध-लालसा अधूरी रह जायगी। लोगों को तुम्हारी वीरता को देखने का मौका न मिलेगा। कर्ण, तुम नहीं जानते कि महावीर परशुराम के संसार को भस्म कर देनेवाले अस्त्र भी मुझे डरा नहीं सके। इक्कीस बार पृथ्वी को क्षत्रिय-रहित करनेवाले उस महावीर को भी अस्त्र रखना पड़ा था। वे अपने बल और प्रताप का मुझ पर प्रभाव नहीं डाल सके। मैं अब अपनी बड़ाई न करूँगा। तुम जिन पाण्डवों से इतना विरोध-भाव रखते हो कल ज़रा उनका सामना करो। देखें भला, तुम नहीं भागते।"

कर्ण को दुर्योधन ने शान्त कर लिया। भीष्म अब पाण्डवों के रथियों

और महारथियों की संख्या बतलाने लगे। कहा, "युधिष्ठिर रथी हैं। भीम अकेले आठ रथियों के बराबर हैं। उन्हें दस हजार हाथियों का बल है। नकुल और सहदेव रथी हैं। दोनों पक्षों में अर्जुन के समान वीर और रथी कोई नहीं है। अब की तो बात ही क्या, पहले भी उनके समान सुरों, असुरों, नागों और यक्ष-रक्ष-दानवों में कोई वीर नहीं हुआ। भविष्य में भी न होगा। अर्जुन को सहायता भी बहुत मिली है। वीरत्व के सभी साधन एकत्र हो गये हैं। गाण्डीव, अश्व, कवच, अक्षय तूणीर, देवताओं के दिव्य अस्त्र, भगवान् भूतनाथ का पाशुपत, वासुदेव और ध्वजा पर साक्षात् महावीर पवन-नन्दन। द्रौपदी के पाँचों पुत्र महारथ हैं। महावीर अभिमन्यु अर्जुन और वासुदेव की तरह बलवान हैं। इनकी वीरता की शतमुखों से भी प्रशंसा नहीं हो सकती। पिता और पितृव्यों के कष्टों का स्मरण करके ये युद्ध में अपूर्व पराक्रम प्रकट करेंगे। इन्हें बालक मात्र न समझ लेना। इनसे सदा होशियार रहना। महावीर सात्यकि रथी हैं। वृष्णि-वंशियों में ये सबसे बढ़े-चढ़े हैं और समर-क्षेत्र में क्रोधरहित होकर लड़ते हैं। महावीर द्रुपद और विराट महारथी हैं। पांचाल-पुत्र शिखण्डी रथियों का नायक है। द्रोण के शिष्य धृष्टद्युम्न महा-रथी हैं। प्रलय के समय भगवान शंकर जिस तरह सृष्टि का संहार करते हैं, ये उसी तरह तुम्हारी सेना का संहार करेंगे। महाराज क्षत्रदेव, सत्यजित, अज, भोज, चेकितान, सत्यधृति, ये सब रथी हैं। क्षुधित शार्दूल की तरह ये तुम्हारी सेना पर आक्रमण करेंगे। लेकिन चिन्ता न करो, मैं सोमक और पांचालों को अवश्य मारूँगा।"

अष्टम परिच्छेद

महाभारत के युद्ध में

प्रातःकाल की लालिमा नित्य की तरह सुप्तोत्थित जीवों में चेतना का संचार कर रही थी। उनमें नवीन स्फूर्ति भर रही थी। आज से भारत के इतिहास

का एक दूसरा युग बदलनेवाला था। प्रकृति के मनोभावों में उसके भाग्य की करुण-कथा प्रकट हो रही थी। परन्तु युग को रोकनेवाला कोई न था। सब-के-सब प्रकृति के हाथों के खिलौने थे। इस युग का आवाहन करने के लिए ही मानो यह महासमर हो रहा था। भीष्म इस पतन-युग के प्रधान पुरुष और दुर्योधन आवाहन करनेवाला प्रधान पुरोहित था।

कुरुक्षेत्र में दोनों ओर की सेनाएँ डट गयीं। सेनापति अपनी-अपनी सेनाओं को सुश्रृंखलित करने लगे। महाराज युधिष्ठिर की आँखों में समर का भावी चित्र जो खिंचा, वे धैर्यपूर्वक उसे देख न सके। आँखों में आँसू भर आये। परन्तु कोई उपाय न था। वे सबकुछ कर चुके थे। दुर्योधन की हठ-कारिता पर आज यह इतनी बड़ी और युगों तक लगातार भारत को पतन के गढ़े में ढक लेनेवाली आँधी उठने को थी। धीर पुरुष की तरह परिणाम समझकर चुपचाप उन्होंने आँसू पोंछ लिये। इसके बाद एकाएक उछलते हुए सागर की तरह दोनों सेनाओं को देख, न जाने क्या सोचकर उन्होंने अपना धनुष तूणीर और कवच खोलकर रख दिया और पैदल कौरवों की सेना की ओर चल पड़े। देखकर भीम, अर्जुन, नकुल, सहदेव आदि को बड़ा आश्चर्य हुआ। सब रोकने के लिए दौड़े। परन्तु युधिष्ठिर ने किसी की न सुनी। सीधे कौरवों की सेना की ओर चले गये। कौरवों को यह देखकर बड़ा कौतूहल हुआ। कोई-कोई तो उन्हें डरकर आया हुआ समझकर आपस में पाण्डवों की कायरता पर फबतियाँ उड़ाने लगे।

युधिष्ठिर सीधे पितामह भीष्म के रथ की ओर बढ़ते गये। उनके साथ उनके भाई भी हो गये थे। भीष्म के सामने सबने भूमिष्ठ होकर प्रणाम किया और आशीर्वाद देने की प्रार्थना की।

भीष्म ने कहा, "युधिष्ठिर, तुम धर्मात्मा पुरुष हो। तुम्हारी विजय होगी। अगर तुम मेरे पास न आते तो हम तुम्हें आसीस देने के बदले शाप देते। परन्तु तुमने यथार्थ ही धर्माचरण किया है। इसलिए तुम्हें दबाने की शक्ति पराजित होगी। तुम्हारी दूसरी अभिलाषाएँ भी सफल होंगी। युधिष्ठिर, पुरुष अर्थ का दास है, परन्तु अर्थ किसी का दास नहीं। मैं कौरवों के अर्थ का ऋणी हूँ। इसका परिशोध मुझे करना ही होगा। मैं उनकी तरफ रहकर संग्राम करूँगा। परन्तु तुम निर्भय रहो। साक्षात् भगवान वासुदेव

विजय के रूप में तुम्हारे साथ मौजूद हैं। तुम्हारी पराजय कभी हो नहीं सकती। तुम मेरे पास आये हो, युधिष्ठिर ! आज मैं तुम्हें सर्वस्व तक देने के लिए तैयार हूँ। तुम वर की प्रार्थना करो।"

युधिष्ठिर ने कहा, 'आप कौरवों की तरफ से होकर लड़ेंगे। मैं जानता हूँ, आपके हाथ में शरासन और वाण के रहते त्रिभुवन भी आपको पराजित नहीं कर सकता है। अगर आप कौरवों की ओर से युद्ध करेंगे तो फिर हम युद्ध में कैसे जीतेंगे ?"

भीष्म ने कहा, "युधिष्ठिर, यह सच है, दोनों सेनाओं में मुझे पराजित कर सके ऐसा वीर नहीं है। स्वर्ग, मर्त्य और पाताल में भी ऐसा वीर नहीं है, समर में मेरे ऊपर जिसका प्रभाव पड़ सके। परन्तु तुम फिर कभी आओ। अभी मेरा मृत्युकाल नहीं आया। मैं तुम्हें अपनी मृत्यु का भेद बता दूँगा।"

द्रोण, कृपाचार्य, शल्य आदि गुरुजनों को प्रणाम करके पाण्डव अपनी सेना में आ गये। दोनों ओर देर के बाद एक विराट स्तब्धता छा गयी। दोनों ओर की सेनाएँ अपने-अपने सेनापतियों की आज्ञा के लिए सजग हो गयीं। सेनापति अपनी सेना को लेकर व्यूह-रचना करने लगे। दोनों ओर के शंख और रथ के घर्घर शब्द से आसमान गूँजने लगा। वीरों का क्षण-क्षण में सिंहनाद सुनायी देने लगा। इसी समय महावीर भीमसेन ने, साक्षात यम की तरह अपनी भयानक गदा लेकर इतने जोर से सिंहनाद किया कि उसके शब्द से शंख, मृदंग, मुरज और तुरही आदि बाजों की ध्वनि बिलकुल दब गयी। वह वज्र-गम्भीर ध्वनि सुनकर कौरवों की सेना सन्न रह गयी। इसी तरह वार-वार सिंहनाद करते हुए महावीर वृकोदर अपनी सेना के एक छोर से दूसरे छोर तक चक्कर मारते हुए उत्साह भरने लगे।

महावीर भीमसेन को सेना के बीच में खड़ा हुआ देखकर चारों ओर से कौरवगण उन पर वाणों की वर्षा करने लगे। मेघ से ओट में हुए सूर्य की तरह भीमसेन वाणों के बीच में छिप गये। दुर्योधन, दुर्मुख, दुःसह, दुःशासन, अतिरथ, दुशेषण, विविशति, चित्रसेन, विकर्ण, पुरुमित्र, जय, भोज और सोमदत्त आदि महावीरों ने बड़ी तत्परता से शर-योजना कर विपक्षियों का सामना किया। गदा से गदा, तलवार से तलवार, वाणों से वाणों का घोर

संघर्ष होने लगा। क्रोधपूर्वक छोड़े गये तीक्ष्ण धारवाले शर-समूह, आकाश मार्ग में उल्कापात की तरह इधर-उधर संचालित होने लगे।

कौरवों ने बड़ी वीरता दिखलायी। कदम पीछे को नहीं हटाया। महावीर भीष्म का प्रोत्साहन और सिंहनाद सुन-सुनकर कौरवों का उत्साह बढ़ता ही गया। महावीर अर्जुन की क्षिप्रता, सम्पूर्ण सेना पर दृष्टि, शर-योजना की सफाई और फुर्ती बड़े गजब की थी। महावीर भीष्म ने अर्जुन को सब जगह का प्रबन्ध करने से रोका, उन्हें बाधा दी। रथ बढ़ाकर उनका सामना किया। विश्वविश्रुत गाण्डीवधारी अर्जुन ने भी वीर की तरह भीष्म का सामना किया। एक दूसरे की जान के प्यासे थे। पर कोई किसी को मोर्चे से एक पग भी हटा न सका। महावीर सात्यकि कृतवर्मा के साथ लड़ रहे थे और अभिमन्यु वृहदबल के साथ। वृहदबल ने अभिमन्यु की ध्वजा काट दी और सारथि का प्राणान्त कर दिया। महावीर सुभद्रा कुमार से अपनी दीन-दशा देखी न गयी। उन्होंने तुरन्त धनुष पर वाण चढ़ाये और देखते-देखते अपना बदला ले लिया।

भीमसेन के साथ महाराज दुर्योधन का समर हो रहा था। युद्ध देखने लायक हो रहा था। दोनों दलों की सेना इन वीरों का अमित पराक्रम देख-कर दंग हो गयी। दुःशासन के साथ नकुल, दुर्मुख के साथ सहदेव, मद्रराज के साथ महाराज युधिष्ठिर लड़ रहे थे। युद्ध की भीषणता उत्तरोत्तर बढ़ती जा रही थी। दोनों दलों में जय-पराजय किसी की नहीं हुई। अगणित सेना कट गयी। खून की धारा बह चली। परन्तु किसी दल ने पैर पीछे नहीं मोड़े। डटकर लोहा बजा रहे थे। इस विकट लड़ाई में न भाई भाई को कुछ समझता था, न पिता अपने पुत्र को, कुटुम्बियों और बन्धुओं की तो बात ही क्या है. पाँचों पाण्डव तो बिलकुल पागल-जैसे हो रहे थे। बदला लेने की जो आग चौदह वर्ष से उनके अन्दर धीरे-धीरे सुलग रही थी, आज एकाएक बड़े वेग से जल उठी थी।

दोपहर तक अमित-विक्रम से युद्ध होता रहा। पाण्डवों ने अगणित विपक्षियों को चिरकाल के लिए इस संसार से विदा कर दिया। दुर्योधन की आज्ञा से महावीर दुर्मुख, कृतवर्मा, कृप, शल्य और विविंशति भीष्म की सहायता के लिए गये। इन पाँचों को साथ लेकर महावीर भीष्म पाण्डवों

की सेना के भीतर घुसकर उसका विनाश करने लगे। महावीर गांगेय ने कितने ही वीरों का प्राणान्त कर दिया। भीष्म को इस तरह सेना-संहार करते हुए देखकर महावीर सुभद्रा कुमार से न रहा गया। प्रबल पराक्रमी वीर अभिमन्यु ने अपना रथ बढ़ाकर भीष्म के सामने ले चलने के लिए सारथि को आज्ञा की। अकेले ये भीष्म और उसके सहायकों के साथ संग्राम करने लगे। देखते-ही-देखते अभिमन्यु ने कृतवर्मा को एक वाण मारा, पाँच वाणों से शल्य को बेधा और अपने प्रपितामह को नौ वाण मारे। एक वाण तो ऐसा अचूक मारा कि भीष्म की सुवर्ण-मण्डित ध्वजा कटकर गिर गयी। इसके बाद तेज तीरों से दुर्मुख के सारथि को घायल किया और कृपाचार्य का स्वर्ण-शरासन काट डाला। वीर अभिमन्यु पाँचों महारथियों और महावीर भीष्म से अकेले लड़ रहे थे। उनकी तेजी और निशाने पर अचूक वार करने की सफाई देखकर देवता भी दाँतों अँगुली दबा रहे थे। उनका एक भी तीर व्यर्थ नहीं जाता, यह देखकर उन्हें अर्जुन का समकक्ष योद्धा कह भीष्म आदि उनकी प्रशंसा कर रहे थे।

अपने पक्ष की हेठी हुई देखकर महावीर भीष्म ने तीव्र वेग से उन पर आक्रमण किया और नौ वाणों से एक साथ उन्हें विद्ध कर दिया। इसके बाद उनकी ध्वजा काट दी और सारथि को भी कई वाण मारे। कृतवर्मा, कृपाचार्य, शल्य आदि ने भी कई चुभीले तीर मारे। बालक वीर अभिमन्यु इतने प्रहार के होने पर भी विचलित नहीं हुए। अपूर्व साहस के साथ वे अकेले छः महारथियों से लड़ रहे थे। अपने सारथि पर शराघात हुआ देख-कर वे तत्काल उसका बदला लेने के लिए तुल गये। भीष्म के महास्त्रों को बीच में ही काटकर टुकड़े-टुकड़े कर दिया गया। फिर कई वाणों से भीष्म का बदला लेकर सिंहनाद करने लगे। महावीर भीष्म अपने कुल-दीपक की करनी देखकर मन-ही-मन प्रसन्न हो रहे थे। परन्तु अपनी हेठी का उचित उत्तर देने के लिए कई वाणों से एक साथ अभिमन्यु पर प्रहार किया। अभिमन्यु ने बीच ही में अपने बड़े बाबा के वाणों को काट डाला और बड़ी तेजी से नौ वाण भीष्म के रथ पर मारे। महारथी भीष्म की ध्वजा कट गयी। दोनों पक्ष में हाहाकार मच गया। दूर से भीमसेन ने भी अपने भतीजे की करनी देखी। वहीं से ललकार आवाज लगायी, "शाबास बेटा! खूब

छकाया पितामह को, घबराना नहीं, मैं भी आ गया।"

ध्वजा के कट जाने पर भीष्म ने एक साथ हजार वाण अभिमन्यु पर छोड़ दिये। लोगों को इससे बड़ा आश्चर्य हुआ। पाण्डवों के पक्ष के दस महारथी एक साथ अभिमन्यु की मदद करने के लिए आ गये। उधर से भीम भी आ पहुँचे। आते ही पितामह ने इनकी ध्वजा काट दी। भीमसेन ने बदला भी तुरन्त ले लिया। भीष्म को तीन, कृपाचार्य को एक और कृतवर्मा को आठ वाणों से घायल किया।

उधर महाराज विराट का पुत्र उत्तरकुमार मारा गया। उसके भाई श्वेत ने बड़ी वीरता दिखायी। भाई का बदला लेने के लिए खूब लड़ा। खून-पर-खून का वह जोश देखने लायक था। महावीर श्वेत ने शल्य का प्राणान्त भी कर दिया होता अगर दुर्योधन के साथ कुछ महारथी उसकी मूर्छित अवस्था में उसकी सहायता के लिए न पहुँच गये होते। इधर पाण्डवों के पक्ष को प्रबल देखकर महावीर भीष्म के ललाट में बल पड़ गये। उस समय उन्होंने ऐसी कुशलता दिखलायी कि दोनों दलों के वीर उनकी समरपटुता पर आश्चर्य प्रकट करने लगे। वैसी लड़ाई लोगों ने कभी न देखी थी। कितने ही रथी चिरकाल के लिए विदा हो गये। कितने ही हाथी, घोड़े और पैदल जवान भीष्म के प्रखर शरों के निशाने बन चुके थे। लगातार वाणों की वर्षा होती रही। भगवान सूर्य भी शरजाल से समाच्छादित हो गये। किसी को अपना-पराया न सूझता था। एक तो भीष्म के विषम प्रहारों से गगन-मण्डल मेघाच्छन्न-सा हो रहा था, दूसरे उनके तीव्र वेगशाली रथ की धूलि से और अन्धकार छा गया। शत्रु के सामने खड़े हुए भी वीरों को अपने शत्रु मित्र का ज्ञान न होता था। धनुष-टंकार और सिंहनाद के सिवा और कुछ सुनायी न देता था। इस भयानक संग्राम में पाण्डवों के पक्ष से एक ही वीर गजब की लड़ाई लड़ रहा था। वे महारथी श्वेत थे। भाई की मृत्यु के पश्चात् साक्षात यम की तरह वे मृत्यु भय से रहित होकर शत्रुओं से लड़ रहे थे। उन्होंने हजारों रथियों का विनाश कर डाला। कौरव सेना उनसे डरकर भागने लगी। महारथी वीरगण भीष्म के पीछे अपने प्राण बचाने के लिए जा छिपे। सारे दल में हलचल मच गयी। अकेले श्वेत ने प्रलय मचा दी। इस महा-समर में केवल भीष्म अटल अचल की तरह अपनी सेना में रथ पर डटे हुए

थे। श्वेत की वीरता का आतंक फैल गया। कौरवों की सेना समर में हथियार छोड़कर भागने लगी। महावीर भीष्म अपनी सेना की यह दशा देख न सके। श्वेत के साथ भीष्म का महासमर होने लगा। उसी दिन पाण्डवों के पक्ष से श्वेत को सेनापति का पद मिला था और एक ही दिन में उसने अमर कीर्ति अर्जित कर ली थी। कई बार उसने महावीर भीष्म पर आक्रमण किया, धनुष और रथ की ध्वजाएँ काट दीं। परन्तु भीष्म इससे चंचल नहीं हुए। अन्त में उन्होंने अपने भीषण शरासन में ब्रह्मास्त्र की योजना कर श्वेत का प्राणान्त कर दिया। महावीर श्वेत के गिरने पर पाण्डव सेना में खलबली मच गयी। शाम भी हो आयी थी। उस दिन के लिए दोनों दलों ने लड़ाई बन्द कर दी।

नवम् परिच्छेद

भीष्म का अमित पराक्रम

इस तरह सात दिन तक प्रलय की आग में लाखों वीर हत हो गये। महावीर भीष्म की चोटों से पाण्डव सेना थर्रा उठी। उधर दुर्योधन का भी धैर्य जाता रहा। भीमसेन का भयानक आक्रमण कौरवों के लिए असह्य हो गया। कौरवों की लाखों की तादाद में सेना काम आयी। भीमसेन को कौरवगण साक्षात यम की तरह देखते थे। दुर्योधन के कई भाइयों को भीमसेन की भीषण मार से कूच कर जाना पड़ा। महावीर अभिमन्यु भी अपने ताऊ से कम न थे। केवल अर्जुन इस समर में उदास रहते थे। पाण्डवों के बलवीर्य पर दुर्योधन को बड़ी घबराहट हुई। विजय की आशा उसके हृदय से जाती रही। केवल पितामह की वीरता का स्मरण कर उसमें कुछ धैर्य रह गया था। सातवें दिन, समर के समाप्त होने पर, वह खिन्न भाव से पितामह के शिविर में गया और प्रणाम करके अपना क्षोभ प्रकट करने लगा। आँखों में आँसू आ

गये। कण्ठावरोध हो गया। बड़े कष्ट से, अपने को सँभालकर कहा, "पितामह, आप संसार के सर्वश्रेष्ठ वीर हैं। शत्रुगण एक क्षण के लिए भी आपके सामने ठहर नहीं सकते। आप मेरे सहायक हैं। आपके रहते, मैं समझता हूँ कि इन्द्रादि देवताओं के साथ तमाम सुरासुर मण्डल को मैं परास्त कर सकता हूँ। परन्तु आपके रहते हुए भी मेरे कई भाइयों का निधन हो गया। पितामह, अब आप देर न कीजिए। शीघ्र ही पाण्डवों को परास्त कीजिए। आप पाण्डवों और सोमकों का निधन करके अपने सत्य की रक्षा कीजिए। अगर मेरे दुर्भाग्य से पाण्डवों का प्राणान्त करते हुए आपको किसी प्रकार का संकोच हो रहा हो, तो आप महावीर कर्ण को आज्ञा दीजिए। वे अवश्य ही पाण्डवों को पराजित करेंगे।"

महाराज दुर्योधन की बातों से भीष्म को बड़ी चोट लगी। उनका क्षात्र-वीर्य प्रबल ज्वालामुखी की तरह धधकने लगा। परन्तु उनकी शक्ति अथाह थी। अपने मनोभावों को उन्होंने जाहिर नहीं होने दिया। धैर्यपूर्वक दुर्योधन को समझाते रहे। भीष्म ने कहा कि जब अकेले अर्जुन ने खाण्डव वन को जलवा दिया, तमाम देवता उनका कुछ न बिगाड़ सके, तब क्या तुम्हें पाण्डवों के पराक्रम की थाह न मिली थी? जब वन में तुम्हें गन्धर्वों ने बाँध लिया था और जिसके बल पर तुम इतना घमण्ड करते हो—वह कर्ण तुम्हें छोड़कर भाग गया था, भीम और अर्जुन ने तुम्हारी रक्षा की थी, उस समय तुम्हें क्या पाण्डवों के बल-विक्रम का पता नहीं लगा था? जब तुम लोगों ने विराट पर चढ़ाई की थी और अकेले अर्जुन ने सबके छक्के छुड़ाये थे, तब क्या तुम्हारी समझ में नहीं आया था कि पाण्डव कैसे बलवान हैं? तुम अब भी नहीं समझते, साक्षात वासुदेव जिसके सहायक हैं, वह अर्जुन समर में दुर्जेय है। जिस तरह मृत्यु के समय लोगों को सब पीला नजर आता है, उसी तरह तुम भी कुछ-का-कुछ दिखायी पड़ रहा है। तुम्हारा ज्ञान कहाँ है? लेकिन, अगर तुम्हें इतने बड़े आशावादी हो तो अच्छा है, कल तुम भी जी का हौसला पूरा करो और मैं भी कल अपनी शक्ति का परिचय दूँगा। कल का समर भारत के इतिहास में चिरस्मरणीय होगा। भीष्म कभी झूठ नहीं बोलते। दुर्योधन को विश्वास हो गया। वह आनन्दपूर्वक अपने शिविर की ओर चला गया।

इधर भीष्म अगले दिन समर क्षेत्र में उतरे। रह-रहकर घायलों और विधवाओं का विलाप सुनायी दे रहा था। भीष्म अधीर हो गये। परन्तु ईश्वर की इच्छा का, वे समझते थे कि प्रतिरोध करना असम्भव है। उधर वे प्रतिज्ञा कर चुके थे कि अगले दिन के महासमर में शत्रुओं का विनाश करेंगे। इसके लिए बड़ी देर तक मन-ही-मन चिन्ता करते रहे।

सुबह को दोनों दल व्यूह-रचना करके खड़े हो गये। दुर्योधन की आज्ञा से कई हजार रथी उस दिन भीष्म की मदद करने के लिए भेजे गये। चारों तरफ से महारथियों के विशाल व्यूह के अन्दर पितामह देवताओं में इन्द्र की तरह शोभा पाने लगे। उस दिन महावीर भीष्म ने सर्वतोभद्र व्यूह की रचना की। महावीर कृपाचार्य, कृतवर्मा, शैव, शकुनि, सिन्धुराज, काम्बोज-नरेश भीष्म और दुःशासन वगैरह उस व्यूह के मुख पर रहे, महावीर द्रोण, भूरिश्रवा, शल्य और भगदत्त उसके दाहिनी ओर और महावीर अश्वत्थामा, सोमदत्त, विन्द और अनुविन्द उसके दोनों पार्श्व की रक्षा करने लगे। महाराज दुर्योधन त्रिगर्तों के साथ उसके मध्य भाग में रहे और महारथ राक्षस अलम्बुस और श्रुतायु उसकी पृष्ठ-रक्षा करने लगे।

इधर महाराज युधिष्ठिर, भीमसेन, नकुल और सहदेव अपनी सेना के अग्रभाग में और महाराज धृष्टद्युम्न, विराट, सात्यकि, शिखण्डी, अर्जुन, घटोत्कच, चेकितान और महावीर अभिमन्यु उस व्यूह के मध्य भाग में रहकर उसकी रक्षा करने लगे। दोनों ओर से संग्राम शुरू होने की सूचना शंखध्वनि द्वारा दी गयी। दोनों पक्ष के वीर अपनी-अपनी वाहिनी को यथोचित रूप से संचालित करने लगे।

महावीर अभिमन्यु ने पहले बढ़कर मोर्चा लिया। खाकी रंग के घोड़े दौड़ने में कमाल कर रहे थे। यह धावा दुर्योधन की ओर हुआ था। मेघों से अविश्राम गति से झरती हुई वारि-धारा की तरह वीर बालक अभिमन्यु की वाण-वर्षा हो रही थी। कौरव-वीरों ने लाख उपाय किये, पर उस अजेय बालक की गति को किसी तरह रोक नहीं सके। सेना को चीरता हुआ अभिमन्यु का रथ कौरवों के व्यूह के अन्दर चला गया। तीक्ष्ण शर-प्रहार से कौरवों की अगणित सेना कटकर गिरने लगी। उस दिन अकेले अगणित वीरों के अन्दर महावीर सुभद्राकुमार शत्रु-संहार कर रहे थे। उन्हें रोकने के

लिए महावीर द्रोण, कृपाचार्य, अश्वत्थामा और जयद्रथ आये। पर कोई ज़रा देर भी सामने न ठहर सका। अकेले अभिमन्यु ने सबको मोहित कर दिया। लोग दंग रह गये। सब कहने लगे कि यह बालक अपने पिता से भी ज्यादा बलवान है। विजयी वीर अभिमन्यु वार-वार शंख-ध्वनि करते हुए अपने वीरों में उत्साह का संचार करने लगे।

लड़ते-लड़ते दोपहर हो गया। उस दिन भी अभिमन्यु और भीम ने कमाल की लड़ाई की। कौरवों की सेना तितर-बितर हो गयी। चारों ओर से अपनी-अपनी वाहिनी को सेनापतियों ने पुकारकर फिर शत्रु-दल का सामना करने के लिए उत्साह दिया। परन्तु सेना हिम्मत हार चुकी थी। मार खाते हुए सबके हौसले पस्त हो चुके थे। अपनी सेना का हाल देखकर भीष्म से न रहा गया। प्रलयकालीन शंकर की तरह उनका रूप भयंकर हो गया। आँखों से ज्वाला निकलने लगी। शरासन साधकर महावीर भीष्म शत्रु-संहार के लिए तैयार हो गये। पहले महावीर सोमकों का सामना किया। तेज और चुभीले तीरों का सहना कठिन हो गया। भयंकर संग्राम होने लगा। एक साथ शत्रु पर पितामह ने एक लाख वाणों से प्रहार किया। बैल जैसे धान के खेत में घुसकर धानों का सत्यानाश करता है, उसी तरह महावीर भीष्म पाण्डवों की सेना को मर्दित करने लगे। शिखण्डी, धृष्टद्युम्न, विराट और द्रुपद ने एक साथ भीष्म को आकर घेर लिया। परन्तु महावीर पितामह के सामने टिक न सके। प्रहारों से शरीर जर्जर हो गया। सबकी देह से रुधिर की धारा बह चली। इनके बाद महावीर भीमसेन, युधिष्ठिर, द्रौपदी के पाँचों पुत्र, सात्यकि आदि आये। परन्तु पितामह के सामने ज़रा देर भी ठहर न सके। किसी का कवच कटा, किसी की ध्वजा, किसी का रथ चूर्ण हो गया, किसी के घोड़े मरे, सबकी दशा शोचनीय हो गयी। जान पड़ता है कि भीष्म ने आज साक्षात यमराज की मूर्ति का रूप धारण कर लिया है। रण क्षेत्र में रुधिर की नदी बह चली। वीर क्षत्रिय तैरकर नदी पार करते थे। कितने ही तो इस नदी को देखकर घबरा गये। उस महासंग्राम में बार-बार भीष्म का सिंहनाद सुनायी पड़ रहा था। पाण्डव सेना के चेहरे उतर गये। भीष्म की लड़ाई देखकर कौरवों की दूनी छाती हो रही थी। उस रोज भीष्म की स्फूर्ति, शर-सन्धान की दक्षता देखकर बड़े-बड़े वीरों की हिम्मत टूट गयी। बारह

वाण भीमसेन के, नौ सात्यकि के, तीन नकुल के और सात सहदेव के लगे। युधिष्ठिर की बाँहों में चोट आ गयी।

महावीर भीष्म को पाण्डव सेना के महारथियों ने चारों ओर से घेर लिया था। परन्तु सिंह जिस तरह हाथियों के बीच में रहकर नहीं घबड़ाता, उसी तरह महावीर भीष्म को भी घिर जाने का भय न था। लगातार वाणों की चोट खाते हुए पाण्डव वीरों की समरसाध मिट चुकी थी। भीष्म से लड़-कर विजय पाने की आशा जाती रही। सबके हाथ ढीले पड़ गये। किसी को हिम्मत नहीं पड़ती थी कि बढ़कर भीष्म का सामना करें। उनका प्रहार व्यर्थ न होता था। उनके तीरों को रोकने की शक्ति कवचों में न थी। मजबूत-से-मजबूत कवच को पार करके वे शत्रु का संहार करके ही छोड़ते थे। पाण्डवों के प्रायः सभी वीरों की बुरी दशा हो गयी। सब वीर घायल हो गये। भागने की भी राह न मिलती थी। चारों ओर से शर-जाल में सब घिर गये थे।

भगवान वासुदेव से अपनी सेना की यह दशा न देखी गयी। उन्होंने अर्जुन को उभाड़ने के अभिप्राय से कहा, "अर्जुन, अब तुम्हारे युद्ध का अवसर आ गया है। ज़रा आँखें खोलकर देखो तो सही, कितनी सेना नष्ट हो चुकी। अब इस तरह मोह में न पड़ो। वीर, याद करो अपनी प्रतिज्ञा को। विराट नगर में तुमने कहा था, भीष्म, द्रोण आदि कौरवों का मैं संहार करूँगा। आज फिर क्यों तुम इस तरह ढीले पड़ रहे हो? आज अपनी प्रतिज्ञा पूरी करो।"

श्रीकृष्ण ने अर्जुन को उभाड़ा तो, परन्तु इनके जी में लड़ने का हौसला न पैदा हुआ। उस समय भी उनकी आँखों से शीतलता की छाया दूर न हुई थी, हृदय में कुटुम्बप्रेम पूर्ण मात्रा में मौजूद था। धीमे स्वरों में उन्होंने कहा, "अच्छा, तुम कहते हो तो ले चलो रथ, भीष्म के सामने तुम्हारी बात की रक्षा तो करनी ही है।"

महावीर अर्जुन का रथ देखते-देखते भीष्म के सामने आ गया। धनंजय को आया देखकर युधिष्ठिर की सेना भीष्म के सामने से हट गयी। अर्जुन को देखते ही भीष्म सिंहनाद करने लगे। साथ ही, तीरों से तमाम दिग्मण्डल समाच्छादित कर दिया। शर-जाल के सिवा और कुछ भी न नजर आता था। वासुदेव निर्भय होकर भीष्म के शरों से आहत हुए घोड़ों को बढ़ाने

लगे। भीष्म के वारों से बचकर रथ आगे बढ़ाना मुश्किल हो गया। श्रीकृष्ण मण्डलावर्त से रथ को बढ़ाने लगे। परन्तु चोटों से देह जर्जर हो गयी। महावीर अर्जुन ने बड़ी चेष्टा की, परन्तु भीष्म के अव्यर्थ वाणों को रोक न सके। श्रीकृष्ण और अर्जुन दोनों की देह कुसुमित किंशुक की तरह हो गयी। कपड़े लोहूलुहान हो गये। इतने पर भी अर्जुन को तीखी चोट करने की इच्छा न हुई। उधर भीष्म के प्रखर प्रहार में कोई रुकावट न थी। पाण्डवों की सेना को छत्र भंग और अर्जुन को युद्ध से परांगमुख देखकर श्रीकृष्ण से न रहा गया। उन्होंने घोड़ों की जोत छोड़ दी। और रथ से उतरकर एक पहिया उठा लिया और भीष्म को मारने के लिए बढ़ गये। क्रोध से आँखें लाल हो रही थीं, मुख से संहार की अखण्ड ज्योति निकल रही थी। योगेश्वर भगवान वासुदेव के क्रोधकम्पित पदक्षेपों से पृथ्वी काँप उठी। कौरवों की सेना में खलबली मच गयी। सब त्रस्त भाव से वह कराल मूर्ति निरीक्षण करने लगे। भीष्म की ओर उन्हें बढ़ते देखकर सब लोगों के मुख से एकाएक यही निकला कि भीष्म हत हो गये—अब किसी तरह भी नहीं बच सकते। वासुदेव को युद्ध के लिए आये हुए देखकर महावीर भीष्म भक्ति से विह्वल हो गये। आँखों से आनन्द की धारा झरने लगी। हाथ जोड़कर कहने लगे, "आओ प्रभु, मेरा संहार करो। मुझे आज तुमने प्रभूत सम्मान का अधिकारी कर दिया है। मुझ पर प्रहार करो। मैं तुम्हारा दास प्रस्तुत हूँ।"

श्रीकृष्ण के पीछे अर्जुन भी आ रहे थे। श्रीकृष्ण को इस तरह भीष्म के संहार के लिए बढ़ते हुए देखकर उन्हें बड़ी लज्जा आयी। उन्होंने श्रीकृष्ण को पकड़ लिया। परन्तु उस पकड़ी हुई हालत में भी अर्जुन को लेकर श्रीकृष्ण दस कदम बढ़ गये। तब हाथ जोड़कर अर्जुन पैरों पर गिर पड़े। कहा, "श्रीकृष्ण, मेरी लज्जा रखो। तुमने कहा था, मैं युद्ध में अस्त्र धारण न करूँगा। तुम्हारी बात मिथ्या होगी। लौट चलो। संसार तुम्हें मिथ्यावादी कहेगा। तुम्हें कलंक की कालिमा लगे, यह मैं न सह सकूँगा। मैं शपथपूर्वक कहता हूँ, अब मैं पूरी शक्ति से युद्ध करूँगा। शत्रुओं का अवश्य ही विनाश करूँगा।" अर्जुन श्रीकृष्ण को अपने रथ पर लौटा ले गये। भीष्म और अर्जुन का समर जारी हो गया। महावीर भीष्म सावन की वारिधारा की तरह लगातार वाणों की वर्षा करने लगे। अर्जुन ने चेष्टा तो बहुत की

परन्तु शान्तनुनन्दन के अपराजेय विक्रम पर किसी प्रकार की बाधा न डाल सके। लाखों की तादाद में पाण्डवों की सेना काम आ गयी। हजारों महारथ योद्धा उस एक ही दिन की लड़ाई में चल बसे। लाखों की संख्या में सेना मैदान छोड़कर भाग गयी। भीष्म की ओर नजर उठाकर देखने की किसी में हिम्मत न थी। भगवान मरीचिमाली अस्ताचल में धँसने लगे थे। सेना भी थक गयी थी। सन्ध्या जानकर उस दिन के लिए समर बन्द कर दिया गया।

दशम परिच्छेद

ब्रह्मचर्य का अखण्ड तेज

शाम हो गयी। सेनापतियों ने अपनी-अपनी सेना ले शिविर की ओर प्रस्थान किया। महारथ सोमकों का चेहरा उतर रहा था। महाराज युधिष्ठिर को भी चिन्ता हो रही थी। भीष्म की भयानक समर ज्वाला की याद कर-करके पाण्डवों का उत्साह घट रहा था। उधर कौरव-वाहिनी में उत्साह का सागर उमड़ रहा था। महाराज दुर्योधन को दृढ़ विश्वास हो गया था कि पितामह की सहायता से वह अवश्य ही पाण्डवों को पराजित कर देगा। सब वीर भीष्म को चारों ओर से घेरकर बैठ गये और उस दिन की लड़ाई की भूरि-भूरि प्रशंसा करने लगे।

रात बीतने लगी। पाण्डवों को चिन्ता थी, आँख फिर कैसे लगे। बड़े-बड़े सरदार एकत्र होकर परामर्श करने लगे। बड़ी देर तक युक्तियों की लड़ाई होती रही। महाराज युधिष्ठिर को किसी बात का भरोसा न हुआ। उन्होंने श्रीकृष्ण की ओर देखकर कहा, "वासुदेव, अब पाण्डवों का नाश अनिवार्य है। आज भीष्म का पराक्रम देखकर हमारी विजय की आशा निर्मूल हो गयी है। अगर इसी तरह सेना-संहार जारी रहा तो चार ही दिन

में भीष्म के हाथों सबके प्राण जायेंगे। उनकी शक्ति को प्रतिहत करनेवाला हमारे दल में कोई नहीं है। उनकी ओर आँख उठाकर ताकने की भी हिम्मत नहीं होती, तीर चलाना तो दरकिनार रहा।

"यदि साक्षात यम भी अपना दण्ड लेकर इस मैदान में आते, यदि वज्र-पाणि इन्द्र आते, देवताओं में से कोई भी इस समर में यदि हमारा विरोध करते तो हमें उनसे लड़ने में कोई आपत्ति न थी। हम सहर्ष लोहा बजाते। उन्हें पराजित करने की शक्ति भी हममें थी। परन्तु केशव, भीष्म से अब हृदय हार गया। अब निश्चय है कि हमें प्राण ही देने पड़ेंगे, किन्तु विजय की आशा कोई नहीं रही।"

महाराज युधिष्ठिर की बातों का एक-एक शब्द करुणा से सराबोर हो रहा था। उन्हें धैर्य देते हुए भगवान वासुदेव ने कहा, "महाराज, आपके भाई संसार में अजेय हैं। तीनों लोक भी उनका सामना नहीं कर सकते। यदि आपको इनके बल पर सन्देह हो रहा है तो आप मुझे भी आज्ञा दीजिए। मैं सहर्ष अस्त्र ग्रहण करूँगा। आपके लिए मैं भीष्म से लड़ने को तैयार हूँ। आप विश्वास कीजिए, एक ही शर से मैं भीष्म का प्राणान्त कर दूँगा। अर्जुन मेरे मित्र हैं, सम्बन्धी हैं और शिष्य भी हैं। अगर अर्जुन को इस लड़ाई से उदासीनता हो रही हो, तो वे आज खुलासा कहें। कौरवों की सम्पूर्ण वाहिनी भीष्म को मेरे हाथों से बचा न सकेगी। मैं जरूर भीष्म को मारूँगा। महाराज, आपके शत्रु मेरे भी शत्रु हैं। आपकी विजय मेरी ही विजय है। मैं आपके लिए अपने अंग का मांस काटकर दे सकता हूँ। आप मुझे आज्ञा-मात्र दीजिए। पहले अर्जुन ने लोगों के सामने प्रतिज्ञा की थी कि मैं भीष्म का संहार करूँगा। अब वे अपनी प्रतिज्ञा से विरत हैं, तो भीष्म को मारकर मैं उनकी प्रतिज्ञा पूरी कर दूँगा। नहीं तो आज अर्जुन निश्चय-पूर्वक कहें कि अब वे इस लड़ाई में कापुरुषोचित उदासीनता न दिखलायेंगे। महाराज, अर्जुन हिम्मत करें तो भीष्म के साथ संसार के बड़े-बड़े देवता और दानव भी अगर मिलकर लड़ेंगे तो अर्जुन से कभी विजय नहीं प्राप्त कर सकते। ये सबका संहार कर सकते हैं। महावीर भीष्म ने जब से कौरवों का पक्ष लिया है, तब से उनकी मति मारी गयी है। वे सत्वहीन हो गये हैं। चेतना अब उनमें बहुत थोड़ी रह गयी है। उन्हें कर्तव्याकर्तव्य का ज्ञान

नहीं रहा।"

युधिष्ठिर ने कहा, "मधुसूदन, आपने यथार्थ ही कहा है। सम्पूर्ण कौरव दल भी तुम्हारी गति में बाधा नहीं डाल सकता। तुम मेरे पक्ष में हो, इसलिए विजय भी पहले ही से मेरे साथ आ गयी है। यह सब ठीक है। तुम प्रतिज्ञा कर चुके हो कि इस युद्ध में अस्त्र ग्रहण न करोगे। इसलिए तुम्हारे गौरव की हानि करके मैं अपनी विजय नहीं चाहता। भीष्म कभी मेरी तरफ से न लड़ेंगे। वे अब कौरवों की ओर से होकर ही लड़ेंगे। परन्तु उन्होंने प्रतिज्ञा की है कि मेरे हित के लिए उन्हें जैसा सूझेगा वे अवश्य करेंगे। इसलिए, इस समय उनके पास चलकर उनसे सलाह लेना बहुत आवश्यक है। वे कभी झूठ न कहेंगे। हम लोगों की विजय के लिए जो उपाय उन्हें सच्चा जँचेगा, वे अवश्य कह देंगे।"

बात तय हो गयी। वासुदेव श्रीकृष्ण को यह युक्ति बहुत पसन्द आयी। पाँचों पाण्डवों के साथ श्रीकृष्ण, भीष्म के शिविर की ओर चले। अस्त्र और कवच खोलकर भीष्म के पास पहुँचे और ससम्मान दण्डवत प्रणाम किया। महावीर भीष्म ने सबको बैठने के लिए उचित आसन दिया। फिर स्नेहपूर्वक कहा, "केशव, कहो पाण्डवों की प्रीति के लिए हमें क्या करना चाहिए। इनके लिए कठिन-से-कठिन और दुष्कर-से-दुष्कर कार्य भी हम करने के लिए तैयार हैं।"

भीष्म के बार-बार पूछने पर महाराज युधिष्ठिर ने कहा, "पितामह, आप अगर इसी तरह हमारी सेना का संहार करते रहेंगे, तब तो हो चुका। हम कैसे अपना राज्य पावेंगे? दीन-प्रजा के बचने का कोई उपाय भी फिर क्यों रह जायगा? आप अब हमें अपने वध का उपाय बताइए पितामह! लड़कर आपसे विजय पाने की हमारी आशा अब जाती रही। आपकी कोई त्रुटि भी तो नहीं नजर आती, वार हम कैसे करें।"

महाराज युधिष्ठिर की सरलता पर भीष्म मुस्कुराने लगे। कहा, "धर्मराज, तुम सच कहते हो, हमारे जीवित रहते तुम्हारी विजय कदापि न होगी। अच्छा, हम अपनी मृत्यु का उपाय बतलाते हैं, सुनो,—हम कभी निःशस्त्र, भागे हुए, ध्वजाहीन, गिरे हुए, डरे हुए, स्त्री-जाति, विकलांग, एक पुत्र के पिता अथवा शरणागत के साथ समर नहीं करते। उस पर भूल-

कर भी वाण नहीं छोड़ते। पहले हमने एक और प्रतिज्ञा की थी। वह यह कि अमंगल सूचक ध्वजा देखकर वार न करना। तुम्हारी सेना में शिखण्डी पूर्वजन्म का स्त्री है। वह अम्बा का अवतार है। उस पर मैं वार न करूँगा। उसे अपने सामने बैठाकर दृढ़ वर्म से अपनी रक्षा करके धनंजय मुझ पर वार करें। इस तरह तुम्हारी विजय अवश्य होगी।"

महाराज युधिष्ठिर श्रीकृष्ण और अपने भाइयों के साथ शिविर में चले आये। सब लोग बैठकर सलाह करने लगे। अर्जुन ने लज्जित होकर कहा, "श्रीकृष्ण, यह क्या है? यह तो हमसे हरगिज न होगा। पितामह हमें कितना प्यार करते थे। पितामह की गोद में बैठकर हमारा हर अभाव दूर हो जाता था। कितने स्नेह से उन्होंने हमें पाला, पढ़ाया और शिक्षा के बाद मनुष्य और समझदार बनाया। जब हम पितामह की गोद में बैठ पितामह को सम्बोधन करते थे तब वे कितने स्नेह से कहते थे, बेटा, हम तुम्हारे पिता नहीं, तुम्हारे पिता के पिता हैं। हे केशव, हम कैसे उन पिता के पिता पर निर्दय होकर प्रहार करेंगे!"

श्रीकृष्ण ने देखा कि अर्जुन के हृदय से अभी कुटुम्ब प्रेम दूर नहीं हुआ। समझाते हुए उन्होंने कहा, "पार्थ, यह तुम्हारा स्नेह नहीं घोर मोह है। जब भीष्म-बध के लिए तुमने प्रतिज्ञा की थी, क्या उस समय पिता के पिता का स्नेह तुम्हें याद नहीं था? तुम भूलते हो। अपना कर्त्तव्य भूलकर तुम धोखा खा रहे हो। भीष्म को तुम न मारोगे तो जय की आशा भी छोड़ दो।"

एकादश परिच्छेद

शर-शय्या पर

सूर्योदय हुआ। दोनों दल युद्ध क्षेत्र में डट गये। शंख, मृदंग, भेरी और सिंह-नाद से आसमान गूँज उठा। पिछले दिन से कौरवों का दिल बढ़ा हुआ था।

बड़ी फुर्ती से उन लोगों ने अपने व्यूह की रचना कर ली। पाण्डवों ने सैन्य-संगठन में आज नवीनता दिखायी। सबसे आगे शिखण्डी को रखा। भीम और अर्जुन पार्श्व रक्षा करने लगे। महावीर अभिमन्यु और द्रौपदी के पाँचों पुत्र भीम और अर्जुन की रक्षा में नियुक्त किये गये। इस तरह बड़े-बड़े वीरों ने अपनी वाहिनी को सुसंगठित कर लिया। उधर सबसे पहले थे महावीर भीष्म। द्रोण, अश्वत्थामा, कृपाचार्य, भगदत्त कृतवर्मा आदि महाधनुर्धर उनकी पृष्ठ-रक्षा कर रहे थे।

दोनों दलों से शंख फूंककर सेनापतियों ने युद्धारम्भ की सूचना दी। दोनों दल अपने-अपने जोड़ से भिड़ गये। पाण्डवों ने आज बड़े वेग से आक्रमण किया। पिछले दिन भीष्म के हाथों उनके लाखों आदमी काम आ गये थे। कौरवों को पहले वार में ही विचलित होते देखकर भीष्म से न रहा गया। बड़े वेग से उन्होंने पाण्डवों पर वाण बरसाना आरम्भ कर दिया। चारों तरफ मण्डलाकार, इन्द्रधनुष की तरह, वाण-ही-वाण दिखायी पड़ने लगे।

भीष्म का रथ दूसरी ओर बढ़ रहा था, ऐसे समय में शिखण्डी ने महावीर भीष्म की छाती पर लक्ष्य करके तीन वाणों से प्रहार किया। महावीर पितामह ने नजर फेरकर देखा तो सामने शिखण्डी देख पड़े। शिखण्डी के वाण भीष्म को सुई से जान पड़ते थे। किस कमजोर के मारे हुए वे तीर थे, इसे जानने के लिए ही उन्होंने मारनेवाले को देखा था। शिखण्डी को देखकर भीष्म मुस्कराने लगे। कहा, "शिखण्डी, तुम जी भर करके मुझ पर प्रहार कर लो। मैं तुम्हें इसका बदला न दूँगा। मैं किसी स्त्री को अपने विक्रम की परीक्षा नहीं देता। तुम भले ही शिखण्डी कहलाते रहो, पर मेरी दृष्टि में तुम शिखण्डनी ही रहोगे।"

अर्जुन और भीम शिखण्डी की बगल में ही थे। मौका पाकर अर्जुन ने कहा, "शिखण्डी, अब क्या देखते हो—लो पितामह को, छोड़ो मत, आज अवश्य इनका संहार करना होगा। घबराओ ज़रा भी नहीं, मैं तुम्हारे साथ ही हूँ। तुम आगे-भर रहो। द्रोण, अश्वत्थामा, कृपाचार्य, चित्ररथ, विकर्ण, दुर्योधन, जयद्रथ, विन्दु, अनुविन्द, सुदक्षिण, भगदत्त, मगधराज, सोमदत्त और सुशर्मा आदि ये जो भीष्म की रक्षा कर रहे हैं, इनकी ज़रा भी परवा

न करो। ये तुम्हारा बाल भी बाँका न कर सकेंगे। मैं इनके वारों से तुमको बचाता रहूँगा।"

पाण्डवों की इतनी पेशबन्दी के रहने पर भी भीष्म के हाथों से होनेवाला उनकी सेना का संहार न रुक सका। महावीर भीष्म का दृढ़ ब्रह्मचर्य समर-भूमि में सूर्य की तरह उन्हें चमकीला कर रहा था। उनकी ओर ताकना मुश्किल हो रहा था। उनकी स्फूर्ति, उनकी लघुहस्तता, उनके बाणों की तीव्रगति, अनेक प्रकार से तीर छोड़ने की विद्या देखकर लोगों के होश उड़ गये। परन्तु दूसरे दिनों की तरह महावीर धनंजय आज निश्चेष्ट न थे। आज अर्जुन का पराक्रम भी सिन्धु में बड़वानल हो रहा था। दावाग्नि जैसे अगणित तरुवों को जलाकर खाक कर देती है, उसी तरह महावीर धनंजय की चुभीली चोटों से कौरवों की सेना परलोक मार्ग की यात्रा हो रही थी। सिंह की गुरु-गर्जना सुनकर जंगल के दूसरे जीव मृत्यु की शंका से जिस तरह घबड़ाते हैं, महावीर अर्जुन को सिंहनाद करते हुए सुनकर कौरवों की भी वही दशा हो रही थी। बड़े-बड़े लड़ाके वीर भी अर्जुन के सामने से मैदान छोड़कर भागने लगे थे।

आज दसवें दिन की लड़ाई थी। दोनों सेनाओं में गजब का कोलाहल हो रहा था। कौरवों को दुर्योधन ने विश्वास दिलाकर पक्का कर दिया था कि आज पितामह से लड़कर पाण्डवों का नाश अवश्यम्भावी है। उधर पाण्डवों की सेना को अर्जुन की वीरता और पहले से की हुई प्रतिज्ञा पर पूरा विश्वास था। वे जानते थे कि आज महावीर अर्जुन के अपराजेय आक्रमण से बचकर दूसरे दिन के लिए मैदान में आना पितामह के लिए सर्वथा असम्भव होगा। इसके विचार मात्र से उनके शरीर में पहले की अपेक्षा दूना बल, दूना उत्साह भर जाता था।

परन्तु भेड़ों के बीच में भेड़िये की तरह अर्जुन को अपनी सेना का संहार करते हुए देखकर महाराज दुर्योधन से न रहा गया। पितामह के निकट अपने जलते हुए हृदय की आह इन शब्दों में निकाली, कहा, "पितामह, सृष्टि को बहा देनेवाली सावन की जलधारा की तरह हमारी सेना पर अर्जुन की बाण-वर्षा हो रही है। खून की नदी बह रही है। जितनी सेना का संहार हो चुका है, अगर कुछ काल तक ऐसा ही क्रम जारी रहेगा, तो निश्चय ही बहुत थोड़ी

सेना जीती बचेगी। आप इसके लिए अभी से कोई प्रबन्ध कीजिए। अर्जुन को रोकिए। नहीं तो आज ही सब स्वाहा हुआ जाता है।"

महावीर भीष्म ने कहा, "दुर्योधन ! सुनो, मैं पहले की हुई प्रतिज्ञा के अनुसार अब तक अपना प्रण निभाता आया हूँ। रोज दस हजार सेना समर-क्षेत्र में मारने का प्रण पूरा होता रहा है। आज के लिए सुनो, मैं एक दूसरी प्रतिज्ञा करता हूँ। या तो आज सन्ध्या समय तक मैं पाण्डवों का वध करूँगा या खुद आज की लड़ाई में मिट्टी पर खींची हुई लकीर की तरह इस संसार से मिट जाऊँगा।"

महावीर दुर्योधन को पितामह की पहली प्रतिज्ञा का ही विश्वास हुआ। अपने प्रबल पराक्रान्त, महारथ सहायकों के साथ बड़ी तत्परता से वे भीष्म की रक्षा करने लगे। दीपक की ज्योति जैसे बुझने के पहले एक बार जोर से जल पड़ती है, उसी तरह पितामह की शक्ति भी संसार से चिरकाल के लिए विदाई ग्रहण करने से पहले अपनी सीमा तक पहुँचने के लिए उतावली हो रही थी।

भीष्म के प्रचण्ड शराघातों से एक ही समय मानो सहस्रों विषधर सर्प पाण्डवों की सेना को दंशन करते थे। प्रखर प्रहारों की वैसी संहार मूर्ति महाभारत के युद्ध में और कभी नहीं नजर आयी। बदले के लिए बादलों की तरह भीष्म को चारों ओर से पाण्डव पक्ष के महारथियों ने घेर लिया। जान पड़ता था, अगणित ऊर्मिलताएँ जहाज को चारों ओर से घेरकर निगल जाने के लिए ही भयानक गर्जना कर रही हैं। भगवान् भुवन-भास्कर की अनन्त ज्योति में जिस तरह संसार के सब पदार्थों की ज्योति आकर समा जाती है, उसी तरह महावीर पितामह की अखण्ड ज्योति में भी लाखों जीवन-ज्योतियाँ तल्लीन हो गयीं। बात-की-बात में, दस हजार दुर्मद द्विरद, सवारों समेत दस हजार घोड़े और एक लाख पैदल की भौतिक लीला समाप्त करने-वाले महावीर भीष्म बिना धूमवाली आग की तरह जलते हुए दिखायी पड़ रहे थे।

भीष्म की विपुल वीरता अपनी आँखों प्रत्यक्ष कर महावीर अर्जुन का हृदय खलबला उठा। उन्होंने शिखण्डी से कहा, "वीर शिखण्डी, अब मौका न चूको। नहीं तो फिर पछताना पड़ेगा। भीष्म के सामने डट जाओ। इन्हें

सेना की तरफ बढ़ने से रोको। डरो मत। मैं तुम्हारे पीछे ही हूँ। तुम्हारे पीछे से भीष्म को अभी मैं रथ से गिराता हूँ।"

अर्जुन के उत्साह भरने के साथ ही शिखण्डी ने अपना रथ भीष्म के सामने बढ़ाया। पीछे से वासुदेव भी शिखण्डी के साथ ही अपना रथ चला रहे थे। शिखण्डी की ओर से पार्थ के वाणों की चोट असह्य हो गयी। शर, शति, परशु, परिघे, भल्ल, नाराच आदि सभी संहारकारी भयंकर महास्त्रों से महावीर भीष्म की देह जर्जर होने लगी। वीर ने प्रतिज्ञानुसार शिखण्डी पर वार नहीं किया। और क्योंकि अर्जुन भी शिखण्डी के पीछे छिपे थे, इसलिए उन पर भी भीष्म तीर न छोड़ सकते थे। भय था कि कहीं शिखण्डी के कोई वाण न लग जाय। इस समय पाण्डवों के पक्ष के कितने ही वीरों ने विजय की अभिलाषा से भीष्म को एक साथ आकर घेर लिया। महावीर शान्तनुनन्दन उस अवस्था में भी अविचल भाव से बैठे हुए निष्ठुर प्रहार सह रहे थे। भीष्म के इस महान धैर्य से, आकाश मार्ग में विचरण करनेवाले ऋषि-मुनियों को परम सन्तोष हुआ। साधुवाद देते हुए उन्होंने कहा, "भीष्म! तुम्हें सहस्रों धन्यवाद हैं। तुम्हें प्राप्त करके भारत की रज-रज पवित्र हो गयी। तुम्हारा धैर्य भगवती धरित्री के धैर्य से बढ़ गया। तुम्हारा धर्म साक्षात् धर्म का भी धर्म है। तुम वीरता को पराकाष्ठा तक पहुँचा चुके हो, अब धैर्य की चरम सीमा भी मनुष्यों को दिखला रहे हो। महावीर चिर ब्रह्मचारी देवव्रत! तुम्हारा समय समाप्त हो आया है। अपने अमर लोक की याद करो। मनुष्यों को अपनी अन्तिम शिक्षा देकर चले आओ।" ऋषियों की आज्ञा समाप्त होने पर देवताओं ने दुन्दुभि बजायी। अपना हर्ष प्रकट किया।

महर्षियों की आज्ञा सुनकर लोहित-कलेवर महावीर जाह्नवीनन्दन ने प्रतिरोध करना बन्द कर दिया। धनुष रखकर प्रलय की महालीला देखने लगे। उस समय दुःशासन उनके पास था। उन्होंने कहा, "देखो, दुःशासन, वज्र की तरह यह अविराम शर-धारा कभी शिखण्डी के शरासन से न निकलती होगी, कवच को भेद करनेवाले ये तीक्ष्ण तीर कभी शिखण्डी के छोड़े हुए न होंगे, जिन वाणों से मेरा शरीर जर्जर हुआ जा रहा है, ये कभी शिखण्डी के वाण नहीं हो सकते। निश्चय ही इन तीरों का मारनेवाला

अर्जुन है। एक अर्जुन को छोड़कर संसार में दूसरे किसी मनुष्य में यह बल नहीं है, कि वह मेरा कवच भेद कर सके।" महावीर भीष्म की देह में कहीं तिल रखने की जगह भी न रह गयी थी। अंग-अंग में वाण आर-पार हो गये थे। सूर्यास्त से कुछ पहले, अटल ब्रह्मचारी महाधनुर्धर भीष्म पितामह रथ से गिर गये। कौरवों में हाहाकार मच गया। महावीर भीष्म ने गिरकर भी मृत्तिका-स्पर्श नहीं किया। जिन अगणित तीरों से उनकी तपश्चर्या निरत पवित्र देह क्षत-विक्षत हो रही थी, उन्हीं के सहारे शरों की सेज पर लेटे हुए-से रह गये।

भगवती जाह्नवी ने अपने पुत्र का निधनकाल आया हुआ जानकर कुछ महर्षियों द्वारा उनके निकट अपना सन्देसा कहला भेजा। हंस रूपधारी ऋषि भीष्म को शरों की शय्या पर देखकर उनकी प्रदक्षिणा करते हुए आपस में कहने लगे, "महावीर भीष्म सूर्य के दक्षिणायन रहते हुए क्यों शरीरपात कर रहे हो?" भीष्म को यह चेतावनी देकर वे दक्षिण की ओर उड़ गये। प्रज्ञा-चक्षु भीष्म को हंसों के आने का कारण और उनकी आपस की बातचीत मालूम हो गयी। उन्होंने कहा, "हंस रूपधारी महर्षियो, मैं तुम्हारी आज्ञा का पालन करूँगा। जब तक सूर्य दक्षिणायन रहेंगे, तब तक मैं जीवित रहूँगा। पिता के आशीर्वाद से मृत्यु पर मेरा अधिकार है। समय के आने पर ही मैं देह छोड़ूँगा।"

भीष्म के गिरते ही दोनों दलों के वीरों ने चारों ओर से उन्हें घेर लिया। महावीर अर्जुन भी कवच खोलकर उनकी शर-शय्या के समीप आकर खड़े हो गये। हाथ जोड़कर कहा, "पितामह, दास के लिए आज्ञा कीजिए।"

भीष्म ने कहा, "बेटा, सिर लटक रहा है, इसके लिए कोई उपाय करो। तुम धनुर्धारियों में श्रेष्ठ हो, बुद्धिमान हो, क्षत्रियों का धर्म भी तुम्हें मालूम है, मेरे लिए उचित तकिये की व्यवस्था कर दो।"

"जो आज्ञा" कहकर अर्जुन ने तीन तेज शर साध, गाण्डीव में जोड़े। धनुष आकर्ण आकर्षित कर भीष्म के मस्तक पर वाणों का प्रहार किया। वाण सिर से निकलकर जमीन में गड़ गये। भीष्म को अर्जुन की बुद्धिमत्ता पर बड़ी प्रसन्नता हुई। चारों ओर जितने राजे-महाराजे खड़े थे, सबसे

कहा, "अर्जुन ने मेरे तकिये की उचित व्यवस्था कर दी। जब तक सूर्य उत्तरायण न होंगे, तब तक मैं इसी अवस्था में रहूँगा। तुम लोग मेरे चारों ओर एक खाई खोद दो। मैं भगवान सूर्य की उपासना करूँगा। तुम लोग वैर-भाव भूलकर आपस में मैत्री करो। इसी से कल्याण होगा।"

पितामह की चिकित्सा कराने के लिए दुर्योधन ने अच्छे-अच्छे वैद्यों को बुलवाया। वाणों को निकालने में ये बड़े लघुहस्त थे और इनकी दवा से घाव भी बहुत जल्दी भर जाता था। भीष्म ने वैद्यों को धन्यवाद दिया। उनके गुणों की प्रशंसा की। फिर दुर्योधन से कहा कि उन्हें उचित पारितोषिक देकर विदा कर दो। मेरी चिकित्सा की अब कोई जरूरत नहीं।

महाधनुर्धर पितामह की वीरगति का संवाद देश भर में फैल गया। राज्य के लोग, बच्चे और स्त्रियाँ भी उनके दर्शनों के लिए आने लगीं। वृद्ध, युवक, स्त्रियाँ, वादक, नट, शिल्पी और गणिकाएँ फूल-चन्दन, चावल और दूर्वादल लेकर उनकी अर्चना के लिए आने लगीं। दोनों दलों के लोग वैर-विरोध भूलकर नित्य उनके दर्शनों के लिए जाया करते थे। राजे-महाराजे भी तरह-तरह के भोग्य पदार्थ लेकर उनकी सेवा के लिए जाते थे। परन्तु पितामह को भोगों की क्या आवश्यकता थी? आये हुए नरेशों से उन्होंने कहा, "मैं अब इस लोक से सम्बन्ध तोड़ चुका हूँ। केवल सूर्य के परिवर्तन-काल की प्रतीक्षा कर रहा हूँ। मेरे लिए भोग की अब आवश्यकता नहीं रही। परन्तु एक उपकार तुमसे कराना चाहता हूँ। तुम लोगों में कोई ज़रा अर्जुन को खबर भेज दो कि तुम्हारे पितामह तुम्हें बुलाते हैं।" अर्जुन भी पास ही खड़े थे। बढ़कर वे पितामह के पास आये और आज्ञा की प्रार्थना की। भीष्म ने हाथ जोड़कर अर्जुन को सामने खड़े हुए देखकर कहा, "वत्स, तुम्हारी तीक्ष्ण चोटों से मेरा शरीर जल रहा है। प्यास के मारे कण्ठ भी सूखा जा रहा है। मुझे ठण्डा पानी पिलाओ।"

"जो आज्ञा" कहकर गाण्डीव में शर-योजना करते हुए अर्जुन भीष्म की प्रदक्षिणा करने लगे। फिर सिर के पास धरती पर लक्ष्य करके वाण मारा। तीर तल-प्रदेश तक जा पहुँचा। पवित्र स्वच्छ वारिधारा फूट निकली। भीष्म ने इच्छापूर्वक जलपान किया। अर्जुन की असाध्य साधना से नरेन्द्र मण्डल को बड़ा आश्चर्य हुआ। सबके शरीर से कम्प के कारण स्वेद छूट

चला। कपड़े पसीने-पसीने हो गये। अपने पौत्र की वीरता देख भीष्म की आँखों से आनन्दाश्रु बह चले। आशीर्वाद देते हुए उन्होंने कहा, "वीर, यह कार्य तुम्हारे लिए कोई बड़ी बात नहीं है। नारद ने तुम्हें पूर्वजन्म का ऋषि बतलाया है। तुम्हारी सहकारिता की बड़े-बड़े देवताओं को भी इच्छा होती है। धनुर्वेद के पारदर्शी वीरों में तुम सर्वश्रेष्ठ हो। मैंने दुर्योधन को तुम्हारी वीरता पर बहुत समझाया। परन्तु समय के फेर से ये बातें उसके चित्त पर नहीं चढ़ सकीं। वह अवचेतन जड़ तुल्य ही बना रहा। अब यह निस्सन्देह है कि समर काल के उपस्थित होने पर भीम के हाथों उसकी मृत्यु होगी।"

पितामह की बातों से दुर्योधन को बड़ा दुःख हुआ। भीष्म ने फिर उसे समझाया। अर्जुन की वीरता के कितने ही उदाहरण दिये। पाताल से पानी निकालने की बात भी उदाहरण के रूप में कही। इस तरह समझा-बुझाकर मैत्री करने के लिए आदेश दिया।

हाथ जोड़कर सामने आ कर्ण ने कहा, "हे कौरव कुल तिलक, जो सदा ही आपकी दृष्टि का अतिथि था, आप सदा ही जिस पर द्वेष प्रकट करते थे, मैं वही राधेय हूँ!"

भीष्म ने आँखें खोलकर देखा, उस समय वहाँ कोई न था। कर्ण को पड़े हुए गले से लक्ष्य कर कहने लगे, "कर्ण, तुम्हारे सम्बन्ध में मुझे नारद से बहुत-सी बातें मालूम हो चुकी हैं। तुम जो मेरे साथ स्पर्धा का भाव रखते थे, इसके लिए मुझे बिल्कुल दुःख नहीं है। यह तो तुम्हारे स्वभाव के अनुकूल ही था। सुनो, तुम कुन्ती के पुत्र हो, राधा के पुत्र नहीं। तुम्हारा पिता अधिरथ नहीं है। इस पर विश्वास करो और आज तक तुम्हारे प्रति मेरी कटूक्तियों का प्रयोग तुम पर मेरी घृणा के कारण न होता था। उसका एक दूसरा ही कारण है। कर्ण, तुम व्यर्थ ही पाण्डवों की निन्दा किया करते थे, इसलिए तुम्हारे गर्व को खर्व करने के उद्देश्य से मैं तुम्हें अरुचिकर बातें कहा करता था। मैं तुम्हारी वीरता-धीरता खूब समझता हूँ। तुम अर्जुन और वासुदेव के समान वीर हो। काशीपुर में तुमने अकेले जिस तरह कितने ही नरेशों को परास्त किया था और महाराज दुर्योधन के लिए कन्या जीत लाये थे, तुम्हारी वह वीरता सर्वथा सराहनीय है। यह सबकुछ होते हुए भी तुममें कई दोष भी हैं। वत्स, नीच संग में रहने और कुमारी कुन्ती

से पैदा होने के कारण तुम्हारा क्षत्रिय भाव बहुत कुछ दब गया। शूद्रत्व के लक्षण तुम्हारे अन्दर प्रवेश कर गये हैं। अन्यथा तुम सब प्रकार से यशस्वी हो। तुम्हारे लिए मेरी अन्तिम यही सलाह है कि अपने भाइयों से मिलो और इस वैर-विरोध को भूल जाओ।"

महावीर कर्ण ने पितामह की बात सुनकर कहा, "हे वीरों में शिरोमणि, आपकी बातें बिल्कुल सच हैं। मुझे मालूम है कि मैं किसका पुत्र हूँ। परन्तु जिस माता ने मेरा त्याग कर दिया अपनी मर्यादा बचाने के लिए, सो अब भी वह मेरी माता के सम्मान पर प्रतिष्ठित है? जिस महाराज दुर्योधन ने मुझे अपमानित होते हुए देखकर मेरी बाँह गह, मुझे बराबर अपने आसन पर बैठाया, जिसका अन्न खाकर मैं शक्ति-सामर्थ्यवाला बना, क्या मैं उस उपकार का त्याग कर दूँ? नहीं, यह तो मैं कदापि न कर सकूँगा। जिस तरह वासुदेव ने पाण्डवों की भलाई के लिए अपना धन, जन, जीवन, सर्वस्व त्याग कर दिया है, उसी तरह मैं भी दुर्योधन के लिए अपना सर्वस्व निछावर कर चुका हूँ। लड़ाई अब रुक नहीं सकती। पाण्डवों का दुर्योधन पर जैसा कोप है, इससे अब मेल की आशा ज़रा भी नहीं रही। दुर्योधन के लिए, उसकी प्रीति के लिए, मैं धनंजय से जरूर समर करूँगा। हे वीर, आप आशीर्वाद दीजिए, मैं आपकी आज्ञा के लिए आया हुआ हूँ और आपके प्रतिकूल मैंने जो कुछ भी आचरण किया हो, आप क्षमा करें।"

भीष्म ने मुस्कराते हुए कहा, "कर्ण, अगर वैर न छोड़ सको तो स्वर्ग की आशा से युद्ध करो। दीनता और क्रोध को छोड़कर उत्साह के साथ दुर्योधन की मदद करो। इतने दिनों तक सन्धि की चेष्टा करके भी मैं सफल नहीं हुआ—ईश्वर की इच्छा है!"

द्वादश परिच्छेद

परलोक गमन

कुरुक्षेत्र की भयानक समर ज्वाला में कौरवों और पाण्डवों की सम्पूर्ण शक्ति स्वाहा हो गयी। अन्त में पाण्डवों के हाथ मैदान रहा। महावीर भीम ने धृतराष्ट्र के शतपुत्रों को यमलोक का यात्री कर महाराज युधिष्ठिर को निष्कण्टक कर दिया। द्रोण, कर्ण, शल्य, भुगदर आदि कौरवों के बड़े-बड़े वीर दुर्योधन के स्वार्थ के लिए लड़कर मर मिटे। विधवाओं के हाहाकार से भारत का आकाश विदीर्ण होने लगा। भारत के चिरकालिक पतन का पट, भारत वसुन्धरा पर भीष्म के रहते-रहते ही लहराने लगा। अन्तिम समय के भावी अन्धकार पर, भारत के गौरव-सूर्य, चिर कुमार, देवव्रत, महावीर भीष्म अस्त हो रहे थे, साथ ही मानो कह गये कि प्रभात के लिए भी एक ऐसे ही सूर्य की आवश्यकता होगी।

वैरियों से विजय प्राप्त कर महाराज युधिष्ठिर हस्तिनापुर जाने से पहले भीष्म के पास आये। कई दिनों तक पितामह ने उन्हें इतिहास, धर्म और राजनीति आदि राजाओं के लिए जितने उपयोगी और आवश्यक विषय हैं, सबकी उचित शिक्षा दी। महाभारत का श्रेय पितामह की इन्हीं सूक्तियों में है। शान्ति पर्व और अनुशासन पर्व, दो खण्ड-के-खण्ड पितामह के अमृतोपम उपदेशों से भरे हुए हैं। अस्तु, आदर्श और उपदेश आदि देकर पितामह ने युधिष्ठिर को हस्तिनापुर जाने की आज्ञा दी।

महाराज युधिष्ठिर ने नगरवासियों के प्रति यथोचित सम्मान प्रदर्शन-पूर्वक उन्हें अपने-अपने घर जाने के लिए कहा। युद्ध में जिनके प्राणों से प्यारे आत्मीयों और कुटुम्बियों का संहार हुआ था, उन्हें यथोचित सान्त्वना और सहायता दी। ब्राह्मणों को दान-दक्षिणा देकर सम्मान किया। सब लोगों को एक वार रामराज्य का स्मरण हो आया। महाराज युधिष्ठिर का राज्याभिषेक सकुशल समाप्त हो गया।

इन्हीं दिनों भगवान अंशुमाली उत्तरायण हुए। युधिष्ठिर को पितामह

के मृत्यु समय की याद आ गयी। तुरन्त अपने भाइयों को साथ ले, अन्त्येष्टि क्रिया के सामान सहित पितामह के निकट आये। उस समय व्यास आदि बहुत-से महात्मा भीष्म की अन्तिम गति देखने के लिए आये हुए थे। सबने युधिष्ठिर का यथोचित सम्मान किया। ऋषियों की मण्डली में शान्तभाव से भीष्म आत्मचिन्तन कर रहे थे। युधिष्ठिर ने कहा, "पितामह, आपकी श्रवणा शक्ति तो वैसी ही होगी? मैं युधिष्ठिर हूँ, आपकी चरण-वन्दना कर रहा हूँ। अब आज्ञा कीजिए, आपकी अन्तिम क्रिया के लिए मुझे क्या करना होगा? आपका यह अन्तिम समय है, जानकर मैं अग्नि साथ ही ले आया हूँ। मेरे साथ ब्राह्मण, आचार्य ऋत्विक, मेरे भाई, युद्ध से बचे हुए कुछ राजा, महात्मा वासुदेव और आपके पुत्र-तुल्य राजा धृतराष्ट्र भी साथ ही आये हुए हैं।"

भीष्म ने आँखें खोलकर अपने आत्मीयों को चारों ओर से खड़े हुए देखा। फिर युधिष्ठिर से कहने लगे, "वत्स, अब सूर्य उत्तरायण हो गये हैं। मेरे पास तुम अपने आत्मीय बन्धु-बान्धवों को लेकर आये हो, मुझे इससे बड़ी प्रसन्नता हुई। मुझे इस शरशय्या पर आज तक लेकर अट्ठावन दिन हो गये। अब मैं अपने स्थान पर जाना चाहता हूँ। सौभाग्य से माघ मास का शुक्लपक्ष भी आ गया है।" पितामह ने धृतराष्ट्र को समझाया। संसार की नश्वरता, भवितव्य की प्रबलता, युधिष्ठिर आदि पाँचों पाण्डवों की धर्मनिष्ठा, वैराग्य आदि पर बहुत से उपदेश दिये। फिर कृष्ण से कहा, "हे कृष्ण! इस घोर युद्ध की आग में भारत की क्षत्रिय शक्ति आग की तरह जलकर राख हो गयी है। मैंने दुर्योधन को बहुत समझाया, परन्तु समय का प्रभाव। मैं जानता हूँ, श्रीकृष्ण! तुम साधारण पुरुष नहीं हो—तुम आदि हो, अद्वितीय और सनातन पुरुष हो, तुम्हारे सम्बन्ध में नारद की बात कभी झूठ न होगी। तुम और अर्जुन नर और नारायण के रूप से, धरा का भार उतारने के लिए आये हो। अब मेरे देहत्याग का उचित समय आ गया है। एक आज्ञा दो कि अन्त में परमगति प्राप्त हो।"

भगवान वासुदेव ने भीष्म की विनय पर प्रसन्न होकर कहा, "हे भारत के गौरव पुरुष! मैं आशा करता हूँ, आप नश्वर शरीर को छोड़कर अपने वसुलोक में विराजमान हों। आपमें पाप का लेशमात्र भी नहीं है। आप

मार्कण्डेय के जैसे पिता के भक्त थे, मृत्यु आपकी दासी है।"

भगवान केशव की बात समाप्त होने पर भीष्म ने आँखें बन्द कर लीं। कुछ काल तक मौन रहकर मूलाधार में चित्त को स्थिर करके योग मार्ग द्वारा नश्वर कलेवर का त्याग कर दिया। भारत के हृदय से उसका अनमोल लाल सदा के लिए उठ गया।

०००